예수 그리스도의 마음으로
With the Mind of Jesus Christ

〈일러두기〉

1. 본서에서 인용한 한글 성경은 대한성서공회에서 발행한 『성경전서 개역개정판』을 주 텍스트로 사용합니다.
   경우에 따라서는 『개역한글』, 『공동번역』, 『새번역』 성경과 『현대인의성경』을 사용했습니다.

3. 참고하고 인용한 히브리 성경은 『Hebrew Names Version』이며 영어성경은 다음과 같습니다.

   NIV(New International Version, 1984)

   KJV(King James Version, 1611/1769)

   NASB(New American Standard Bible, 1977)

   NRSV(New Revised Standard Version, 1989)

   ESV(English Standard Version, 2007)

   YLT(Young's Literal Translation, 1898)

   GNV(Geneva, 1599)

4. 각주(미주)는 지극히 제한적으로 사용했습니다. 예를 들어, 인용한 글의 원저자와 책을 본문에서 언급할 경
   우에는 자세한 출처를 생략했습니다. 그리고 이해를 돕는 보충 정보나 논점을 입증할 필요가 있을 때만 자
   세한 출처를 제공했습니다.

5. 여호와/야훼, 하나님/하느님 등 몇몇 용어는 구분하지 않고 섞어 사용합니다.

6. 출처를 찾으려고 했으나 찾을 수가 없어서 출처를 밝히지 못하고 사용한 내용도 있습니다. 그런 곳의
   출처를 아시는 분은 이 메일(mentor122@naver.com)로 연락을 주시면 재쇄시 보완을 하겠습니다.

7. 이 책에서 사용한 폰트는 KoPub바탕체와 KoPub돋음체 그리고 나눔명조체와 나눔바른고딕체를 사
   용했습니다.

예수 그리스도의 마음으로
With the Mind of Jesus Christ

조기호

세움북

저자 서문

교회는 놀이터이자 기도하는 곳이었고 편안하고 안정을 주는 장소였습니다. 고교 시절에는 자연스럽게 교회에 들러 청소도 하고 종탑에 올라가서 종도 살펴보고 예배당에서는 기도하고 친구들과 대화하며 지내던 곳이었습니다. 예배당 설교단 옆 기도실은 고등부 학생들과 청년부들이 자주 들려 이야기하고 떠들었던 사랑방과 같았습니다.

누가 그곳에 두었는지 모르지만 책들도 있었습니다. '신에게 솔직히', '하나님의 지하운동' 등과 같은 여러 가지 종류의 책들이 있었습니다. 그중에서 전영창 목사님의 『그들에게 누가 갈 것인가?』 장준하 선생의 『돌베개』는 제가 성장하는 데 큰 영향을 끼친 책이며 목회지를 정하는데 약간의 기준이 되었습니다.

어두운 밤, 고요한 적막 속에 잠겨 있는 예배당이 나를 불러냈습니다. 교회는 싹을 틔워 밭에 옮겨 심어 자라게 하는 생명의 근원이었습니다. 개인적으로 찾아온 1984년 어둠의 시기에도 교회는 다시 일어서게 하는 힘이 되었습니다. 살아갈 용기를 샘물처럼 솟아 나오게 해 준 곳이 교회였습니다.

교회에 대한 기억이 좋은 것만은 아니었습니다. 서로에게 진심을 다하지 못하고 다른 마음 때문에 항상 다툼이 있었던 교회의 어른들을 보았습니다. 제 마음속에는 진실한 마음으로 사람들을 대하자는 생각이 생겨났습니다. 미워하지 않는 마음으로 교회에서 일해야겠다고 다짐을 했습니다.

한국을 떠나 이민 교회를 담임하면서 즐겁고 행복했습니다. 그렇지만 많은 풍상과 어려움도 있었습니다. 특히 사람의 마음은 다 다르구나를 처절하게 경험했습니다. "조삼모사"가 아니라 하루에도 수십 번 수백 번 변하는 마음들을 겪으면서 인간의 실존이 무엇인지 경험했습니다.

고린도 교회는 육체와 마음이 벌거벗은 것처럼 인간의 처절한 실존이 드러난 교회입니다. 숨겨 놓은 인간의 욕망이 그대로 드러났고 자랑을 내세우는 사람들이 모여있는 교회입니다. 그렇지만 바울은 그 교회는 그리스도의 터 위에 세워진 곳이라고 단언합니다.

교회의 공동체는 각기 다른 마음으로 인해 긴장을 갖기도 하고 다툼이 생기기도 합니다. 고린도전서에서는 교회 안의 성도는 그리스도의 마음을 가진 자이며 그리스도에게 속하였다고 말씀합니다.

"그리스도의 마음으로" 믿음을 고백하고, "그리스도의 마음으로 사람들을 대하고 산다"면 교회와 성도는 썩은 생선 냄새가 아니라 그리스도의 마음으로 가득한 향유 나는 집이 될 것입니다. 교회와 성도가 다시 새롭게 지향해야 할 것은 "그리스도의 마음"입니다. 이 마음을 품기 위해 의도적으로 진지하게 공부하고 훈련해야 합니다. 또한 이 마음을 얻기 위해 진실한 자세로 서로의 약함을 인정하고 십자가에서 죽으신 그리스도를 본 받아야 합니다.

교회가 직면한 현실적인 문제인 갈등과 고민을 풀어가려고 몸부림을 치고 있을 때, 바울이 눈물로 호소하는 편지인 고린도전서를 한 절 한 절 읽고 기도했습니다. 교회가 생명으로 가득 찬 공동체가 되기를 소망하는 마음으로 편지를 성도들과 함께 읽으면서 실망과 좌절보다는 새롭게 꿈틀거리며 솟아나는 희망의 싹이 교회의 공동체에 있음을 인식했습니다. 그리스도의 마음을 본받아 진실함과 성실함으로 희생으로 분투하는 교우들을 보면서 교회는 여전히 향유가 가득한 마음의 안식처요 소망임을 확신합니다.

살아오면서 많은 이들에게 마음과 물질의 빚을 졌습니다. 물론 책과 논문이라는 자료의 빚도 있습니다. 먼저 비틀어지고 자갈 길처럼 고르지 못한 문장을 읽고 수정하고 검토하면서 편집의 고된 작업과 책을 낼 수 있도록 격려해 준 전병철 목사님께 감사의 마음을 전합니다. 책이 나오도록 후원해 준 ICC의 BJ Kim 선생님께 고마운 마음을 전합니다. 특히 함께 고민하며 기도하고 항상 제가 전하는 말씀의 첫 청중이자 동역자들인 소명교회의 가족들께 감사를 드립니다. 그들은 변함없이 저와 함께해 주셨고 격려해 주셨습니다. 언제나 기쁨으로 저에게 용기를 주신 김지웅 목사님께도 감사의 인사를 드립니다.

어두운 절망의 터널에서도 포기하지 않고 아들을 위해 기도하신 부모님과, 한결같은 마음으로 지지해 주고 도움을 주는 동생과 매형과 누님 그리고 조카들에게 또한 사랑으로 빚진 처가의 처형들과 처남들께도 진심으로 감사의 인사를 드립니다.

가족을 빼놓을 수 없습니다. 어릴 때부터 지금까지 잘 알아듣지 못하지만 귀를 쫑긋 세우고 아빠가 전하는 말씀을 들어 준 '강혜신'(강원, 혜원, 신원)에게 고마움을 전합니다. 남편이 전하는 말씀을 노트에 적으며 항상 은혜로운 말씀이었다고 칭찬을 해 주는 아내 안나에게 속 깊은 감사의 인사를 전합니다.

바울이 전하는 그리스도의 마음을 본받기 원합니다.

"나는 날마다 죽노라"(고전 15:31).

조기호 목사

차례

고린도전서 1장

Contents

고린도전서

1장

01

바울과 교회, 성도, 그리고 축복

고린도전서 1:1-3

들어가는 말

고린도 교회는 삶의 실제적인 문제들로 인해 공동체가 어려움을 겪고 있었습니다. 고린도전서는 고린도 교회 내부에서 생긴 문제들을 자세하게 다루고 있습니다.

바울은 고린도 교회가 지금 겪고 있는 문제들을 어떤 방식으로 해결할 것인가를 중요하게 여기고 문제 가운데 있는 성도들을 설득하기 위해 이 편지를 썼습니다.

우리가 고린도전서를 읽을 때 주의해야 할 관점이 있습니다. 바울이 고린도 교회의 문제를 해결하는 방식이 고정된 "모델"은 아니라는 것입니다. 교회 안에 있는 문제들을 하나의 "케이스"로 여기고- 상황적이고 삶의 자리에서 일어난 문제- 고린도서를 읽어야 합니다.

고린도의 성도들은 그들이 그리스도인이 되기 전에 자신들이 익숙하게 살았었던 문화들이 있었습니다. 그런데 그 문화의 특징들이 교회 안에서 표출 되었습니다. 대표적인 것이 1:5절에 나오는 "모든 종류의 지식"입니다. 이것을 보면 고린도 지역에는 상당히 높은 지식이 있었다고 추측할 수 있습니다. 그래서 바울은 수사학을 통해 교인들을 설득하는 것을 볼 수 있습니다.

고린도전서를 설교하는 중요한 이유가 있습니다. 교회의 성도들이 예수를 그리스도로 받아들이고 산다는 것은 예수 믿기 이전의 가치관, 사상, 세상을 보는 눈 그리고 삶의 태도들을 완전히 새롭게 해서 사는 것입니다. 그러나 고린도 교회의 성도들은 무엇이 그리스도인다운 삶인지 잘 몰랐고 예수 그리스도를 믿기 이전의 세상 문화를 고쳐서 적용하는데 어려움이 있었습니다.

고린도 교회와 신자는 완성된 교회이거나 완벽한 성도가 아니었습니다. 비난받아야 할 행동들이 있었습니다. 성숙하지 못한 교회 공동체의 모습도 있었습니다. 사도 바울은 고린도 교회의 문제들을 듣고 그것들을 고치기 위한 노력을 하라고 눈물의 편지를 보냅니다. 그리고 드러난 교회의 밑바닥 모습을 들추어 바로 잡아가면서 성숙해지는 성도들의 모습을 기대합니다.

고린도 교회의 문제를 그 교회만의 문제로 본다면 성경 읽기는 실패입니다. 시대가 다르고 삶의 자리가 분명하게 차이가 있지만 21세기를 사는 우리의 교회에도 거의 비슷한 문제들이 일어났고 일어납니다. 교회에 문제가 발생했을 때 그 문제를 대하는 태도를 보면 교회의 직분과는 관계없이 매우 비이성적인 모습을 봅니다. 특히 성경을 하나님의 정확무오한 말씀이라고 고백하면서 성경과는 전혀 다른 결정을 내리는 교회의 모습을 봅니다.

그래서 우리는 그들과는 다르면서, 성숙하게 생각하고 이해하며, 또 하나님이 보시기에 아름다운 교회가 되기 위해 고린도전서를 자세하게 살펴보려고 합니다.

제가 강조하고 반복하는 말 중에 '질문하는 성도', '신학적으로 생각해 보는 성도'라는 말이 있습니다. 이것을 마음에 둔다면 하나님 말씀에 맞는 합당한 생각과 삶이 무엇인지 고린도서에서 아주 구체적인 교훈을 발견하고 깨달음을 얻어 그것을 삶에 적용할 수 있을 것입니다.

많은 사람들이 교회의 드러난 모습에 대해 비판할 수 있습니다. 그런데 대부분 비판이나 비난은 쉽게 하면서 실제로 교회 안에서는 바른 행동을 하지 못하는 경우를 봅니다. 어떤 분은 진리에 합당하게 행동하다가 좌절하기도 합니다. 그 결과 마치 그 교회에는 소망이 없는 것처럼 생각하고 여러 교회를 떠돌아다니는 분들도 있습니다.

고린도전서를 강해하면서 간절한 바람이 있습니다. 부패되고 비본질적인 것들이 마치 진리인 것처럼 여기는 현실, 자신의 어리석음도 벌거벗음도 모르는 교회의 어둠이 있지만, 그 가운데서 별처럼 빛나고 믿음의 참된 방향을 비춰주는 성도가 되기를 바라는 것입니다. 교회 안에서 신실하고 충성스러운 모습을 보여주어서 신앙생활에 어려움을 겪는 주위 사람들에게 용기를 주고 새로운 힘을 주는 계기가 되기를 바라는 것입니다.

고린도 도시

고린도전서 1:2절을 보면 고린도 교회는 고린도 도시에 있습니다. "고린도에 있는 하나님의 교회," 교회가 고린도라고 불리는 도시에 있는데 그 교회를 "하나님의 교회"라고 부릅니다.

먼저, 고린도 도시가 어떤 도시인지 살펴보겠습니다. 고린도 도시는 그리스 남부 지역에 있고 그리스 본토와는 아주 좁은 지협(地峽, 폭이 약 7km)으로 연결되었습니다. 아테네에서는 서쪽으로 78Km 떨어져 있습니다. 옛 이름은 고대 고린도였습니다. 고대 고린도는 B.C. 3,000년 전부터 사람들이 거주하였고 공식적인 기록으로는 B.C. 8세기에 나타납니다. B.C. 5세기에는 스파르타의 연합군으로 펠로폰네소스 전쟁과 페르시아 전쟁에 참여하였다가 B.C. 146년에 로마에 의해 파괴되었습니다. B.C. 44년 율리우스 시저에 의해 로마의 식민지로 재건되어 B.C. 27년부터는 로마의 지방 아가야의 수도가 되었습니다.

고린도는 지리적으로 유리한 지역에 자리를 잡았습니다. 육지가 마치 긴 목처럼 좁아지는(지협) 이스트무스라는 지역이 있었습니다. 이 도시 양쪽은 모두 항구가 있습니다. 동쪽으로는 겐그레아 항이 바다 건너 아시아(현재의 터키 서부에 해당)와 에베소를 마주 보고 있고 서쪽으로는 레카이움 항이 이탈리아 및 로마를 바라보고 있습니다.[1]

한 도시에 두 개의 항구를 가진 고린도 시는 무역에 유리한 위치-특히 동서 양쪽을 이어주는 무역항-에 있고 북쪽으로는 마케도니아 지방이, 남쪽으로는 펠레폰네소스 반도가 있습니다. 고린도 시는 상업과 무역의 중심 지역이었습니다. 고린도 시는 부의 도시라고 불렸으며 상업적인 중심지가 되었습니다.

고린도 시는 로마에 속해 있는 지방 정부인 아가야의 수도였는데 로마 총독이 거주했기 때문에 정치적으로도 중요한 도시였습니다.

고린도 시는 2년마다 '이스트무스'(Isthmian Games) 경기가 치러졌습니다. 이 경기는 고대 그리스의 3대 스포츠 축제 중 하나였습니다. 종목은 전차 경주, 육상 경기, 트럼펫, 플룻, 리라들의 연주 시합과 시 낭송이나 여자들을 위한 육상 경기나 '아포바티콘'(기수가 한 팀의 말에서 다른 팀의 말로 옮겨 타는 것) 등이 있었습니다. 그래서 참가자뿐만 아니라 관람객이나 여행객들이 로마를 비롯한 전 지역에서 고린도로 찾아왔습니다.

위에서 언급한 경기와 바다의 신 '포세이돈'(로마의 넵튠)에게 바쳤던 체육과 문화 행사는 사람들을 고린도 시로 불러 모았습니다. 그리고 사랑과 아름다움, 생식의 여신인 '아프로디테'를 섬기는 사람들이 많

---

1 앤토니 C. 티슬턴, 고린도전서, 권영경 옮김, (서울:SFC, 2011), 24.

았습니다. 아프로디테는 항해의 여신이기도 했으며 신전은 고린도 시를 조망할 수 있도록 산 위에 있었습니다. 신전에는 여신을 섬기면서 성적인 것을 파는 자들이 있어서 고린도가 성적으로 방탕한 도시라고도 묘사하지만 분명하지는 않습니다.

고린도 시가 이처럼 국제적인 무역 중심지였고 상업과 경제적인 부를 얻는 기회가 많다는 것은 이 도시가 매력적인 도시라는 뜻입니다. 왜냐하면, 고린도 시가 로마의 황제 시저에 의해 B.C.44년에 재건설되기까지는 방치되어 있었지만, 안보와 무역과 경제적인 측면에서 그냥 놔둘 수는 없는 지역적인 장점이 있었기 때문입니다.

새롭게 건설된 고린도 시의 초기 정착민은 주로 로마의 군인이나 로마의 해방민과 노예들이었습니다. 그러나 얼마 지나지 않아 로마 공화국인 이 도시에는 다른 지역의 무역 상인과 사업가들로 넘쳐났습니다. 율리우스 시저를 기념하는 새로운 도시의 공식 명칭은 콜로니아 라우스 율리아 코린티엔시스(Colonia Laus Julia Corinthiensis)였는데, 이를 줄여서 고린도라 불렀습니다.[2]

고린도 시는 많은 사람들에게 기회의 도시가 되었습니다. 돈을 벌수 있는 기회가 있고 시민권을 얻을 수 있는 기회도 있었습니다. 로마 시민권은 시민권자 자녀로 태어나거나, 입양이나, 노예에서 해방됨으로 얻을 수 있었습니다. 이 결정은 고린도도 시민이나, 황제 또는 지역 민회원의 선물(결정)로 주어지게 되었습니다.

---

2 앤토니 C. 티슬턴, 29.

로마에서 온 시민권자들과 거주자이면서 시민권자들은 투표권이 있었습니다. 투표하는 곳을 comitia tributa, 헬라어로는 "ekklesia"로 불렀습니다. 고린도 시에는 철학과 수사학을 가르치는 학교가 있어 지식층의 자부심도 강했습니다. 바울은 고린도전서 2:1~5절에서 고전 수사학의 형식들과 장치들을 사용하고 있습니다. 그리고 안정된 정치 체제와 국제적 중심지이며 발달된 항로(로마와 에베소로 가는)와 후견제도가 있었던 고린도 시에 큰 규모의 유대인들의 공동체가 있었습니다.

고린도 교회의 시작

고린도전서 4:15절의 말씀을 보면 "그리스도 예수 안에서 내가 너희를 낳았느니라."라고 말합니다. 고린도 교회는 바울에 의해서 시작되었음을 알 수 있습니다. 바울이 고린도에 도착했을 때가 A.D. 50년경이었습니다. 바울의 제2차 전도여행 때였습니다.

바울은 고린도에서 약 1년 반을 머무르면서 교회를 시작합니다. 그곳에서 브리스길라와 아굴라 부부를 만납니다. 사도행전 18:1~3절 말씀입니다.

"이 후에 바울이 아덴을 떠나 고린도에 이르러 아굴라라 하는 본도에서 난 유대인 하나를 만나니 글라우디오가 모든 유대인을 명하여 로마에서 떠나라 한고로 그가 그 아내 브리스길라와 함께 이달리아로부터 새로 온지라. 바울이 그들에게 가매 업이 같으므로 함께 거하여 일을 하니 그 업은 장막을 만드는 것이더라."

아굴라와 브리스길라는 A.D. 49년에 로마 황제 글라우디오스에 의해 추방되어 고린도에 와서 사업장을 열었습니다. 고린도 시는 마치 스타트업처럼 개업과 폐업, 성공과 실패가 자연스럽게 이루어지는 도시였습니다. 바울은 이 부부의 천막 제조 사업장에 취직해 일하면서 유대 회당에서 복음을 전파했습니다. 바울은 안식일마다 유대인 회당에서 강론하며 예수는 그리스도라고 증언했습니다.

그러나 얼마 못 가서 유대인들의 배척을 받게 되어 유대인의 회당 옆에 있는 디도 유스도의 집으로 옮겨서 복음을 전했습니다.

사도행전 18:5절을 보면, 바울은 "하나님의 말씀에 붙잡혀" 증거했습니다. 고린도에서 하나님의 능력은 크게 나타났습니다. 바울의 전도로 회당장 그리스보와 그의 온 집 그리고 다른 많은 고린도인들이 주님을 믿었습니다.

사도행전 18:7~8절을 보십시오.

"하나님을 경외하는 디도 유스도라 하는 사람의 집에 들어가니 그 집은 회당 옆이라. 또 회당당장 그리스보가 온 집안과 더불어 주를 믿으며 수많은 고린도 사람도 듣고 믿어 세례를 받더라."

또 사도행전 18:17절도 보십시오.

"모든 사람이 회당장 소스데네를 잡아 법정 앞에서 때리되 갈리오가
이 일을 상관하지 아니하니라."

여기서 두 가지를 생각해 볼 수 있습니다. 첫째는 '하나님을 두려워
하는 자가 누구인가?' 하는 것입니다. 둘째는 '고린도 시에 있는 교회
의 규모가 어느 정도의 크기인가?' 하는 것입니다.

먼저, 하나님을 두려워하는 자는, 1세기 회당 주변에 살면서 하나
님을 경외했던 어떤 특정한 이방인들을 지칭하는 단어입니다. 또는 세
종류의 사람들(유대인, 개종자, 경건한 이방인)을 가리킨다고 볼 수 있습
니다. 또는 고대 유대 사회에 유대인이 되는 과정에서 완전하게 유대
교에 개종하지 않은 이방인을 말하기도 합니다. 그러나 사도행전에 의
하면 거의 대부분 유대 회당에 참석하면서 유대인의 풍속을 지키지만,
유대교에 완전히 개종하지 않은 사람들을 말하고 있습니다. 하나님을
믿는 경건한 이방인들을 의미합니다.

사도 바울이 복음을 전하는 과정은 이렇습니다. 회당장이 구약을 읽
고 설명하면서 "혹시 덧붙일 말이 있는가?"라고 물으면 회당에 참석한
바울이 앞으로 나가서 말합니다. "회당에서 오늘 읽은 이사야의 이 말
씀이 나사렛 예수에 의해 성취되었다."라고 합니다. 그리고 예수가 어
떤 분이었고, 무슨 일을 해서 구약을 성취했는지를 설명합니다. 또 어

떻게 구원을 얻는가를 말합니다. 바울은 이런 식으로 예수의 복음을 전했습니다.

하나님을 경외하는 사람들은 이미 마음에 하나님의 백성이 되는 복음을 받아들일 준비가 되어 있는 사람들입니다. '경외한다는 말은 경건하다는 뜻'입니다. 회당 예배가 끝나면 하나님을 경외하는 사람들이 바울을 자기 집으로 데리고 가서 구원에 관한 이야기를 더 듣기를 원합니다.

그래서 바울은 회당에서 배척받았지만, 하나님을 경외하는 이방인에게는 환영을 받았습니다. 이들은 유대인으로 개종하지 않고(할례와 음식법, 정결법 지키는 문제) 예수를 그리스도로 믿으면 하나님의 백성이 된다는 바울의 말에 더 매력을 느꼈습니다. 때문에 개종하여 유대인이 되기보다는 예수 그리스도를 믿고 그리스도인이 되었던 것입니다.

둘째, 교회의 규모를 생각해 봅시다. 우리가 고린도전서와 로마서를 읽으면 고린도에서 그리스도인이 된 사람들을 볼 수 있습니다. 뵈뵈(롬 16:1, "뵈뵈는 겐그레아 교회의 일꾼이었고", 겐그레아는 고린도의 항구였습니다). 더디오(롬 16:22), 에라스도(롬 16:23), 구아도(롬 16:23), 글로에(고전 1:11), 가이오(고전 1:14), 스데바나와 그의 가정 (고전 16: 15), 브드나도(고전 16:17), 아가이고(고전 16:17)입니다.

사도행전 18장에 나오는 "디도 유스도", "회당장 그리스보", 그리고 개종하여 바울의 동료가 된 "소스데네"를 포함하면 초창기의 고린도 교회는 가정교회로 어느 한 집에서 약 30명(최대 50명) 정도가 모였다고 봅니다(고전 14:23에 가이오의 집에 모인 사람들을 약 40~50명 정도로 봅니다.).

그 이유는 "그리스보와 그의 온 집 그리고 다른 많은 고린도인들이 주님을 믿게 되었습니다."에서 "온 집"에는 손님이나 노예들도 포함됩니다. 그리고 고린도 사람들을 포함하면, 한 가정에 적어도 30명 정도가 모였다고 추측할 수 있습니다. 고린도 시에는 적어도 3개의 가정에서 모이는 교회가 있었다고 생각해 볼 때 약 120명 이상의 성도들이 고린도 시에 존재했다고 볼 수 있습니다.

교회란 무엇인가? 1:2

고린도전서 1:2절에서 "하나님의 교회"라고 말합니다. 따라서 먼저 교회가 무엇인지 살펴보겠습니다. 신약에서 "교회"(에클레시아)라는 말이 사용된 횟수는 모두 114번입니다. 그중에서 바울의 책에서 사용된 것은 62번, 사도행전에서 23번, 계시록에서 20번 사용되었습니다. 나머지는 다른 곳에서 쓰였습니다.

70인경에서는 이 단어를 "종말론적인 하나님의 사람"으로, 헬라어를 말하는 유대인들은 "사람들의 실제적인 모임"으로, 신학적인 용어로는 "하나님의 언약 공동체'로 사용했습니다. 고린도 시에서 "에클레시아"는 위에서 말했던 것처럼 "민회"로 사용했습니다. 즉 선택된 사람들이 모인 곳입니다.

그러나 교회는 도시의 선택된 사람들이 모인 단순한 모임이 아니었고 지도자나 그룹에 속한 것도 아니었습니다. "에클레시아"는 하나님에 의해 "부름받은 사람들의 모임"을 말하고 있습니다. 하나님께서 이스라엘을 부르신 것처럼(신 23장) 하나님께서 세상에서 불러내신 사람들이 모인 곳이 바로 교회입니다. 우리는 이 사실을 항상 기억하고 있어야 합니다.

2절에서 언급한 "하나님의 교회"는 고린도전서 10:32, 11:16, 22 그리고 15:9절에도 나옵니다. 교회의 존재는 그리고 실존은 하나님께 달려 있습니다. 하나님의 교회는 하나님이 교회의 원천이고 하나님이 교회의 소유주라는 의미입니다.

바울이 교회를 설립하고 예수 그리스도의 사역이 사도들과 성도들의 손을 통해 이루어진다 해도(3:6) 시작은 하나님께 있다는 사실입니다. 오늘날 교회를 교역자나 신실한 성도들의 헌금으로 건물을 빌리거나 구입해도 교회는 하나님께 속해 있습니다. 하나님이 사람을 택하셨습니다(1:27~28). 하나님이 사람을 부른 것입니다(1:26).

그러므로 바울은 고린도 교회가 "하나님에게서 난다."라고 말했습니다(1:30). 또한, 하나님의 교회라는 말은 교회의 진행이 하나님께 달려 있음을 의미합니다. 따라서 하나님이 교회를 자라게 하십니다(3:6). 교회의 존재 목적은 하나님께 있는 것이고 하나님의 영광을 위해 존재하는 것입니다.

그리고 교회는 각 가정에서 모이고 있는 그리스도인들을 지칭합니다. 고린도전서 15:9절에서 교회를 복수로 사용한 것은, 교회가 전 세계의 그리스도인들의 모임인 "보편적인 교회"(Universal Church)를 의미하기 때문입니다.

고린도전서 1:2절에서 말하는 교회는 고린도에 세워졌습니다. 성도들의 가정에서 모인 교회는 고린도 도시라는 지역에 위치하고 있습니다. 즉 지역적인 의미(local church)에서의 교회입니다.

"카터"(Harold Carter)는 1983년 자신의 책(An Introduction to Urban Historical Geography)에서 타운과 도시의 출현에 관련된 네 가지 요소를 요약하였습니다. 그 요소는 잉여 농산물, 종교, 방어의 필요성, 교역의 조건입니다. 그중에서 무역은 확실히 많은 고대 도시에서 중요한 역할을 담당했고, 중세 때 도시의 삶을 부흥시킨 주요 요소였습니다.

고린도 시는 "카터"가 언급한 것들이 모두 있는 지역이었습니다. 서두에서 고린도의 특징을 몇 가지 말씀드렸듯이 고린도는 경제와 종교 그리고 철학이 공존하고 다양한 문화적 요소들이 준비되어 있는 곳이었습니다.

그러나 고린도 시는 로마 제국 시대에 새롭게 시작한 그리스도(교)가 주장하는 것과는 비교할 수 없는 가치관과 문화와 종교들이 있는 지역이었습니다. 직업의 선택과 제의를 가장한 성적인 자유, 신비한 철학적 지식과 수사학의 발전, 그리고 삶의 다양성을 보여주어서 시민권자나 자유민들 심지어 노예들조차도 직업이나 사업에서 수많은 기회를 가질 수 있는 도시문화를 가지고 있었습니다.

미국이 수도인 워싱턴 디씨와 근접해 있는 북버지니아는 사람들의 관심도가 높고 성공의 기회를 제공하는 지역입니다. 이 지역에는 첨단 기술과 경제력을 모두 만족시킬 수 있는 인프라가 갖춰졌습니다. 인구도 점점 불어나고 있습니다. 그러나 순박한 농촌 이민 사회와는 다르게 단순하고 낮은 친밀감을 가지고 있고 삭막하고 고독합니다.

고린도 시에 하나님께서 교회를 세웠듯이 지역에 교회를 세워주셨습니다. 그리고 사도행전 18장에서 바울에게 하나님께서 동역자인 아굴라와 브리스길라 부부를 만나게 해 주셨습니다. 교회의 고질적인 문제가 교역자와 성도들의 관계가 수직적이고 배타적인 관계에서 비롯되었다면, 교회는 교역자와 성도들을 동역자로 생각하고 협력하는 후원자로 만나게 하셨습니다.

교회의 성도들은 자신들의 삶을 보여주고 진정한 그리스도인의 행복한 삶을 나누면서 지역의 사람들과 친밀한 교제를 이루어야 합니다. 그 모습을 보고 사람들은 교회에 관심을 갖습니다. 비본질적인 이야기를 전하기보다는, 복음을 전하므로 진리를 깨닫게 해야 합니다. 바울의 복음적 비전과 열정을 본받아 반 기독교적인 문화에서 어떻게 살아가야 하는지를 보여줘야 할 것입니다. 세상에 던져진 교회가 아니라 세상 속에서 존재하며 복음을 전하는 전도자로서의 사명을 다해야 합니다. 이런 모습이 지역에 있는 교회의 존재 목적입니다.

교회를 이루는 것들 1:2

바울이 데살로니가 교회의 성도들이나 고린도 교회의 성도들에게
는 '교회'라는 타이틀을 사용했지만, 로마의 성도들이나 빌립보 지역
의 성도들에게 보내는 편지의 서두에는 이것을 바꾸어서 '성도들'이라
고 하였습니다(롬 1:7, 빌 1:1). 본문 2절에서는 "그리스도 안에서 거룩
하게 된 사람들" 그리고 "성도들이 되도록 부르심을 받은 자들"이라고
하지만, 사실은 동일한 표현입니다. 이런 사람들이 교회를 이루는 구
성원들입니다.

특히 "그리스도 안에서"는 그리스도의 대속 사역을 믿고 예수의 피
에 의해 함께 연합된 것을 말합니다. 그리스도가 십자가에서 자신을
속죄와 화해의 제사를 드림으로 사람들은 거룩한 하나님의 백성이 되
었습니다.

바울은 고린도 성도들이 "각 처에서 우리의 주 곧 그들과 우리의 주
되신 예수 그리스도의 이름을 부르는 모든 자들"과 하나 된 것을 강조
하고 있습니다. 이 표현은 시대를 뛰어넘어 예수를 그리스도로 고백하
는 모든 자들에게로 범위가 넓어지고 있습니다.

여기서 중요한 것은 예수를 그리스도 즉 "주"로 부르고 고백한다는
사실입니다. 예수가 "주"라고 부르는 것은 복음 선포의 핵심이며 최초
의 고백문이기도 합니다.

요엘 2:32절입니다.

"누구든지 여호와의 이름을 부르는 자는 구원을 얻으리니 이는 나 여호와의 말대로 시온 산과 예루살렘에서 피할 자가 있을 것임이요 남은 자 중에 나 여호와의 부름을 받을 자가 있을 것임이니라."

그리고 로마서 10:13입니다.

"누구든지 주의 이름을 부르는 자는 구원을 받으리라."

교회 안에서만 "주"가 아니라 타락한 도시 속에서 살아가는 우리는 삶의 터전인 직장과 사업장 사람들과의 관계에서도 예수가 "주"라는 것을 주도적으로 보여주어야 합니다. 삶의 모습과 사용하는 언어를 통해서 예수를 그리스도로 찬양하고 고백적인 삶을 주도적으로 이끌어야 합니다.

우리들 스스로가 거룩하다고 말하는 것은 우습지만, 존재론적으로는 사람의 존재 양태가 거룩하게 바뀌었고 거룩하게 살도록 부르심을 받았다는 것입니다. 교회는 거룩을 추구해야 합니다. 불러 주신 하나님의 명령을 그대로 따라야 할 목적이 바로 "거룩함"입니다. 이 원칙은 변함이 없습니다. 지구에 있는 모든 교회는 모두 동일한 목적을 갖고 지켜나가야 합니다.

이제 고린도전서 1:1절로 돌아가겠습니다. 고린도전서 1:1~3절은 편지를 보내는 자(1절), 수신자(2절) 그리고 감사 인사(3절)로 구성되어 있고 전형적인 고대 그리스 편지 형식으로 되어 있습니다.

바울의 자신 소개 1:1

바울은 자신을 소개하면서, "하나님의 뜻을 따라 그리스도 예수의 사도로 부르심을 입은" 사실을 강조합니다(갈 1:1, 고후 1:1, 롬 1:1). 바울은 형제 "소스데네"를 1절에서 언급하고 있지만, 헬라어 문장에서 가장 먼저 바울의 이름이 나오는 것은 바울 자신을 강조하려는 의도가 있습니다. 이것은 '바울이 누구냐?'를 묻는 것입니다. 바울은 자신의 사도적 권위에 대해 의심받고 있기에 이것을 불식시키려는 의도로 바울의 사도직을 강조한 것이기도 하지만, 사도직이 누구로부터 왔는지를 밝히려는 바울의 의도적 표현으로 볼 수 있습니다.

바울이 사도로서 하나님의 뜻을 세상에서 밝히는 것이 자신에게서 나온 것이 아니라 그리스도에게서 온 것이라는 뜻입니다. 자신이 사도의 직임을 통해서 그리스도와 하나님을 알게 하려는 의도입니다. 그래서 9절까지 하나님 이름은 6번, 예수는 8번이나 언급합니다.

바울의 사도 직분은, "하나님의 뜻을 따라 그리스도 예수의 사도로" 부름받아 사도가 되었습니다. 자신은 그리스도를 '주'로 믿는 사람들을 박해하던 사람이었는데, 바울이 사도가 된 것은 자신의 선택이 아니라 하나님의 뜻에 의한 것입니다.

그렇다면 우리의 부르심도, 교회를 섬기는 사명도 나의 의지가 결정한 것이 아니라 하나님의 뜻에 의해 불려 나왔다는 정체성을 가져야 할 것입니다.

사도로 부름받은 것은 그리스도의 사도로 부름받은 것입니다. 바울은 그리스도의 메신저로 보내심을 받았습니다. 사도가 된 것은 예수 그리스도가 죽으셨다가 다시 살아나신 부활의 목격자였기 때문입니다. 그것을 세상에 전하도록 사명을 받은 자입니다. 이것이 고린도 교회와 우리 교회가 지향할 목표입니다.

이어서 형제 소스데네는 잘 알려지지 않았지만, 사도행전 18:17절에 나오는 회당장 소스데네라면 그는 바울의 동역자요 형제라고 불릴 정도로 가까운 사이였음을 짐작하게 합니다. 그의 동역은 영원히 기록되어서 사람들에게 칭찬 듣는 하나님의 종이었음을 알리게 됩니다.

고린도후서 8:23절에 "디도로 말하면 나의 동료요 너희를 위한 나의 동역자요 우리 형제들로 말하면 여러 교회의 사자들이요 그리스도의 영광이니라."라고 말하고 빌립보서 2:25절에 "그러나 에바브로디도를 너희에게 보내는 것이 필요한 줄로 생각하노니 그는 나의 형제요 함께 수고하고 함께 군사 된 자요 너희 사자로 내가 쓸 것을 돕는 자라."라고 말합니다.

이런 말씀에 비추어 볼 때 우리는 악명으로 이름을 남길 것인가 아니면 신실한 동역자로 이름을 남길 것인가 깊이 생각해 보아야 하겠습니다.

고린도전서 1:3절은 전통적인 로마 시대의 편지에 쓰인 인사말입니다. 인사인 문안(greeting)을 "은혜"로 바꾸고 히브리 인사말인 "평강" (샬롬)을 추가시켰습니다. "은혜"와 "평강"이 들어간 인사는 신약의 여러 곳에서 발견할 수 있습니다(롬 1:7, 고후 1:2, 갈 1:3, 엡 1:2, 빌 1:2, 살후 1:2, 빌 1:3).

은혜는 하나님의 백성이 받는 하나님의 특별한 돌보심인데 주님의 구속을 말합니다. "예수께서 자신을 바치신 행위(갈 1:4), 그리고 갈라디아서 2:20절에서, "나를 사랑하사 나를 위하여 자기 자신을 버리신 하나님의 아들"이라고 말하는 것처럼, 그리스도가 자기 자신을 주시는 것을 선물이라고 합니다.[3] 이것이 은혜입니다. 이것은 선물이기도 합니다. 이 선물은 받는 자의 상태나 가치에 관계없이 주어집니다. 가장 큰 은혜는 주님이 우리를 위하여 자기 몸을 주신 것입니다.

선물은 결코 헛되지 않습니다. 선물이 헛되다면 하나님을 조롱하는 것이 되기 때문에, "은혜"(선물)는 의례적인 인사말이 아니라 항상 주님이 나에게 주신 일(은혜)을 기억하면서 교회를 생각하라고 하는 것입니다.

"평강"은 히브리어 "샬롬"을 번역한 것인데 하나님이 주시는 평안한 상태입니다. 그리고 하나님의 목적에 맞는 조화로운 상태를 말합니다.

---

3 존 M.G.바클레이, 바울과 선물, 송일 역, (서울: 새물결플러스, 2019), 565~566.

일반적인 내적인 편안함이 아닙니다. 하나님의 언약 백성이 예수 그리스도로 말미암아 하나님과 화평을 누리게 된 결과로써 누리는 "평강"입니다.

에스겔 34:25절을 보면 이런 말씀이 있습니다.

> "내가 또 그들과 화평의 언약을 맺고 악한 짐승을 그 땅에서 그치게 하리니 그들이 빈 들에 평안히 거하며 수풀 가운데에서 잘지라."

이 "평강"은 현재적인 의미로 쓰이지 않았습니다. 하나님의 "평강"은 이스라엘 백성이 고난의 시간에 종말론적으로 소망했던 평화의 뉴스입니다.

이사야 52:7절 말씀을 보십시오.

> "좋은 소식을 전하며 평화를 공포하며 복된 좋은 소식을 가져오며 구원을 공포하며 시온을 향하여 이르기를 네 하나님이 통치하신다 하는 자의 산을 넘는 발이 어찌 그리 아름다운가?"

"평강"은 주님의 다스림에 의지적으로 순종하려고 하는 하나님의 백성이 가지고 있고 그 속에 머무르려는 새로운 마음입니다.

그러므로 고린도 교회 성도들은 주님이 다스리신다는 사실을 매일 체험하면서 하나님 아버지가 주시는 안전함과 그리스도가 주신 축복의 은혜를 다른 사람들에게 전달해 주는 평화의 사도가 되어야 합니다.

말로만 하는 것이 아닙니다. 진지하게 심사숙고해야 합니다. 주님이 주시는 선물인 "은혜"와 하나님이 주시는 "평강"이 내 삶 전체를 휘감고 있다면 성도들끼리 다투거나 나누어지지 않습니다. 차고 넘치는 구원의 축복을 누리게 될 것입니다. "평안의 복음이 준비한 것으로 신을 신고"라고 말씀하신 에베소서 6:15절 말씀처럼 말입니다.

나가는 말

본문은 우리에게 가장 기본적이고 중요한 사실을 축복의 인사로 전합니다. 하나님은 성도의 아버지이시며 예수 그리스도는 교회의 주인이라는 사실입니다. 교회는 오직 하나님의 평화와 주 예수 그리스도의 은혜만이 있어야 합니다. 교회는 구성원인 성도들을 통하여 오직 하나님의 영광만 드러나고 예수 그리스도의 주인 됨이 나타나야 합니다.

교회는 어떤 결정을 하기 위하여 뽑힌 사람들이 모인 "민회"가 아닙니다. 더더구나 취미나 좋아하는 것을 함께 나누기 위해 모인 친목회도 아닙니다. 교회는 하나님으로부터 "부르심을 받은 사람들의 "모임"입니다.

하나님은 3절에서 언급한 "은혜"와 "평강"을 주심으로 우리들을 불러내셨습니다. 하나님과 예수 그리스도의 "은혜"와 "평강"은 우리를 부르신 목적을 깨닫게 합니다.

기회의 도시이며 삶을 유익하게 할 수 있는 조건이 준비된 지역에서- 주님은 고린도 시에 있는 자들을 복음으로 불러서 교회를 이루게 하신 것처럼-우리들을 불러내셨고 교회를 시작하게 하셨습니다.

데살로니가전서 5:24절에서 "너희를 부르시는 이는 미쁘시니 그가 또한 이루시리라."라고 말씀하십니다. 우리를 부르신 하나님의 기쁨과 영광을 이루시기 위해 교회를 부르셨습니다. 하나님께서 이루시기 위해 교회와 성도들을 어떻게 다루어가시고 인도하실지 기대와 소망을 가지고 함께 나서야 하겠습니다.

"하나님 우리 아버지와 주 예수 그리스도로부터 은혜와 평강이 있기를 주님의 이름으로 축복합니다." 아멘.

02

하나님의 신실하심과 감사

고린도전서 1:4-9

들어가는 말

사도 바울은 고린도 교회에 보낸 편지 서두에서 자신과 성도들이 부름을 받고 교회를 세운 것은 완전히 "하나님의 뜻"이었음을 밝히고 있습니다.

"하나님의 뜻"으로 번역되는 영어 단어는 "will", "meaning", 그리고 "value"등이 있습니다. 보통은 "will"을 사용합니다. 현대인이 사용하는 개념으로 "하나님의 뜻"은 구약에서 찾기 어렵지만, 영어 성경에서 번역되는 "뜻"은 히브리어로 "chephets"와 "ratson"입니다. 이것은 "기뻐함", "바라는 것", "좋아함" 등을 뜻합니다(삼상 15:22, 렘 22:28, 잠 10:32, 14:32).

신약에서는 "thelema"(신약에서 41번 사용)인데 마태복음 6:10절의 "뜻이 하늘에서 이루어진 것 같이"에서 찾아볼 수 있습니다. 이 단어는 "욕망하다", "바라다", "희망하다"의 동사 "thelos"가 어원이고 구약 "chephets"의 번역이기도 합니다. 신약에서는 "하나님이 기쁘시게 원하시고 바라시는 것"이라는 의미가 강하게 내포되어 있습니다.[4]

1절에 쓰인 "하나님의 뜻"은 헬라어로 "θελήματος Θεοῦ" (thelematos Theou, 14번 사용)입니다. 이 단어의 의미는 매우 긍정적인 의미로 사용하고 있습니다. 로마서 15:32절이 그런 예입니다.

> "나로 하나님의 뜻을 따라 기쁨으로 너희에게 나아가 너희와 함께 편히 쉬게 하라."

하나님은 자신의 기쁘신 뜻에 따라 세상에 속한 사람들을 "사도"와 "성도"로 부르셨습니다. 그들은 교회를 세우고 세속적인 도시에서 "거룩"을 추구하도록 하셨습니다. 하나님의 뜻은 "나의 교회"를 세우는 것이 아니라 "하나님의 교회"를 세워서 예수 그리스도께서 주신 선물인 속죄의 은혜와 하나님 아버지의 평강이 세상으로 흐르도록 교회에게 존재 목적을 분명하게 주셨습니다.

하나님은 이 지역에 또 다른 하나의 교회를 세운 것이 아닙니다. 하나님은 이 지역에 하나님의 뜻을 실행시킬 하나님의 교회를 세우셨고

---

4 김진혁, 신학공부, (서울:예책, 2017), 184~185.

우리 성도들을 부르셨습니다. 하나님이 기뻐하시는 뜻을 이루기 위해 우리는 찬양으로는 감사와 간절함으로 하나님과의 영적인 교통이 있었으면 좋겠습니다. 말씀으로는 하나님과의 관계가 깊어지고, 일상의 삶으로는 예수 그리스도처럼 살아가고 닮아가는 노력을 행함으로써 하나님의 뜻을 행하는 교회가 되어야 하겠습니다.

하나님의 뜻을 교회와 세상에서 이루기 위해 선택하신 주의 종들에게 주신 근본적인 축복이 무엇인지 본문에서 말씀하신 것들을 살펴보겠습니다.

하나님의 은혜에 감사합니다 1:4

고린도 교회의 성도들 대부분은 이방인이었습니다. 고린도전서 6:10~11, 8:7, 그리고 12:2절에 보면 그들은 우상을 섬기던 자들이었고 도적이었고 탐욕하던 자들, 그리고 사기꾼들이 이었습니다. 그런 사람들에게 바울은 감사에 대해서 말씀합니다. 바울 서신에서 감사하다는 단어는 46번 나옵니다.

세속에 속해 있던 자들에게 "감사"는 큰 의미가 없을지도 모릅니다. 우상이 우연하게 삶의 필요를 채워주고 남을 사기 쳐야 사는 삶의 불안정함에서는 "감사"는 찾아볼 수 없을 것입니다. 그런데 바울은 그들에게 "너희를 위하여 항상 하나님께 감사한다."라고 말합니다.

바울은 먼저, "감사"가 자신에게서 나오는 것이 아니라고 합니다. 인간의 유한성, 인간의 한계 그리고 인간의 무능함을 먼저 고백하는 것입니다. 바울이 하나님께 감사하는 것은 자기의 신앙이나 노력과 수고 때문이 아니라고 말합니다.

바울이 감사한 것은, 4절에서 "그리스도 예수 안에서" 너희에게 주신 하나님의 은혜로 말미암아서라고 쓰고 있습니다. "그리스도 예수 안에서"의 뜻은 그리스도가 죄로 상처 입은 죄인들에게 행하신 구속적인 행동이며 예수 그리스도를 통해 얻은 자유를 말합니다.

"그리스도 안에서"는 "그리스도와 하나가 되었다"는 의미입니다. 이것은 인간의 종교성을 강조하는 헬라 종교와 같은 신비적 합일이 아닙니다. 오히려 '그리스도의 뜻(생각, 신학)과 삶(행위, 윤리)을 본받는(따르는, 길을 걷는) 것'으로써 '영적인 하나 됨(연합, 하나 됨)'을 말합니다. 예수 그리스도의 뜻(신학)과 삶(윤리)을 본받고 따르려고 그리스도와 하나 되는 연합이고 그와 함께 그의 안에 머무르므로 "그가 우리의 근원"이 된다는 뜻입니다.

바울의 감사는 일시적인 것이 아니었습니다. 그는 "항상 하나님께 감사하노니"에서 "항상"이라고 합니다. "항상"의 의미는, 오랜 시간 동안 끊임없이 관심을 가지고 정규적으로 행하는 습관처럼(at all times) 하나님의 교회-내가 세운 교회가 아닌-를 위해 기도하였다는 뜻입니다.

감사한 이유는 풍족함과 견고함입니다 1:5-6

하나님의 은혜는 하나님께서 고린도 교회 성도들에게 주신 개인적인 은사들로 나타납니다. 5절 입니다.

> "이는 너희가 그 안에서 모든 일 곧 모든 언변과 모든 지식에 풍족하므로"

바울은 하나님의 은혜로 주신 은사들에 대해 말합니다. 특별히 교회가 "모든 구변과 모든 지식"으로 풍족해졌다고 강조합니다. 여기에 나온 두 단어는 "로고스"(logos, 언변, NRSV; speech, NJB; utterance)와 "그노시스"(gnosis, 지식)입니다.

"언변"이 말과 관계가 있다면, 예언, 가르침, 설교와 전도 그리고 방언과 방언 통역 등을 포함시켰을 것입니다. 교회를 세우면서 사람들을 논리적으로 설득하는 말입니다.

"지식"은 교회가 필요로 하는 지혜, 통찰력, 분별, 진리 그리고 영적인 판단력입니다. 바울에 의해 교회는 오랜 시간 동안 배우고 익히면서 초대 교회로서 하나님 교회의 성도들이 주를 고백하는데 필요한 논리적인 말의 기술과 예수 그리스도 안에 있다는 지식을 갖추었습니다.

"지식"이 "소피아"(지혜)이고 고린도 시에 이미 존재하고 있었던 초기 영지주의의 영지가 "이 세상에서 인간을 구원하는 특별한 지식"[5]이라면, 본문의 "지식"(영지)은 전혀 다른 지식입니다. 바로 "구원을 얻는 지식"입니다. 고린도 교회 성도들은 이 구원얻는 지식을 풍족하게 갖고 있었습니다. 이방인들이 주장하는 이원론의 구원 방식과는 전혀 다른 지식이 풍족하다고 말하고 있습니다.

헬라 문화가 융성했던 고린도 시에서 "영지"를 강조하는 사람들이 플라톤을 비롯한 그리스 철학자들과 밀의 종교와 이란과 페르시아의 종교에서 영향을 받았다는 주장을 긍정적으로 본다면, 도시의 지식 그룹은 영혼과 육체를 구분하는 철저한 이원론에 영향을 받았다고 생각합니다.

그러나 6절의 "그리스도의 증거가 너희 중에 견고하게 되어"에서 언급하는 "그리스도의 증거"는 분명히 "그리스도의 육체적 부활"을 증언하는 것이라고 생각합니다. 고린도 교회 성도들이 감사하는 이유 중의 하나는 그리스도 예수에 대한 견고함입니다.

예수 그리스도가 다시 부활하셨다는 증언과 목격자 됨은, 고린도 시의 주요 지식층들의 철학과 지혜에 대한 도전이며 초기 교회가 가정에서 모일 때마다 명확하게 고백했습니다. 이 증언은 공동체를 강하게 하고(strengthing), 확신(conforming)이 가득하게 해 주는 근원입니다. 그래서 도시 안에서 교회 공동체는 사람들에게 영향력을 끼치고 유력한 각종 철학과 신비 종교의 도전에도 흔들림 없이 서 있을 것입니다.

---

5 조재형, 초기 그리스도교와 영지주의, (서울:동연, 2020), 38.

그리고 "견고함"은 심령의 강함을 의미합니다. 사람들이 약해지는 첫 번째 단계는 마음이 흔들리고 어지럽게 되어서 판단을 잘하지 못할 때입니다. 그러나 그리스도의 증거가- 주님이 직접 전하는 복음이나 사도들이 목격한 주님에 대한 사건들과 기적들- 무엇보다 부활의 증언과 증거가 성도들의 마음속에 주님이 계심을 확신시켜 주셨습니다.

바울은 이것을 위해 고린도 시에 18개월 동안 살면서 말씀의 논리적인 증언과 성령의 역사로 말미암은 죄의 각성과 회심 그리고 믿음을 강하고 깊게 해 주는 지식의 능력이 성도들에게 근원적으로 풍성하고 견고하게 작용하였다고 믿었습니다.

감사의 결과는 기다림입니다 1:7

하나님은 도시의 철학과 종교가 주는 것과는 질적으로 다른 풍성한 은사를 교회에 부족함 없이 주셨습니다. 하나님은 개인에게 따로 비밀리에 주신 것이 아닙니다. 하나님의 공동체에 주셨습니다. 우리가 형편상 온라인(on line)으로 예배하고 메시지인 카톡을 통해서 안부를 묻습니다만, 우리가 그리스도 안에서 하나님의 충만한 복과 하나님의 선물로 주신 은혜를 경험하고 하나님이 주신 언변과 지식을 풍족하고 견고하게 받았다면, 신앙은 좀 더 깊은 단계와 은혜의 풍성함 속으로 더 파고 들어가야 합니다.

로마서 5:15~16절입니다.

"그러나 이 은사는 그 범죄와 같지 아니하니 곧 한 사람의 범죄를 인하여 많은 사람이 죽었은즉 더욱 하나님의 은혜와 또한 한 사람 예수 그리스도의 은혜로 말미암은 선물은 많은 사람에게 넘쳤느니라. 또 이 선물은 범죄 한 한 사람으로 말미암은 것과 같지 아니하니 심판은 한 사람으로 말미암아 정죄에 이르렀으나 은사는 많은 범죄로 말미암아 의롭다 하심에 이름이니라."

또 로마서 6:23절에서 "죄의 삯은 사망이요 하나님의 은사는 그리스도 예수 우리 주 안에 있는 영생이니라."라고 말합니다. 골로새서 1:13에 의하면 영생은 흑암의 권세에서 나와서 그의 사랑의 아들의 나라로 옮긴 것을 말씀합니다.

고린도 시에 있는 헛된 지식과 철학과 종교는 결코 풍족하고 견고한 지식(구원과 거룩함에 관한)을 만들어 낼 수 없었습니다. 교회 안에서도 풍족함과 견고함의 증언을 체험하지 못한 자들은, 마치 히브리서 5:13절에서 "이는 젖을 먹는 자마다 어린아이니 의의 말씀을 경험하지 못한 자요."라고 말한 것처럼 신앙의 다음 단계인 종말론적인 기다림을 알아차리지 못합니다.

말씀을 체험하지 못한 신앙인은 다음 단계인 종말 신앙, 재림 신앙으로 진입하지 못합니다. 현재만 보는 신앙은, 교회가 도시 안에서 하나님의 뜻을 이루기 위해 "거룩함"을 추구하는 이유를 모릅니다.

7절은 "우리 주 예수 그리스도의 나타나심을 기다림이라."고 언급함으로써 신앙의 절정은 주님의 재림임을 강조합니다.

재림을 소망하는 신앙은 로마서 8:23에서 "이는 하나님을 알 만한 것이 그들 속에 보임이라. 하나님께서 이를 그들에게 보이셨느니라."의 말씀처럼, 우리들 속에 하나님이 하나님 되심을 드러내야 하는 신앙이어야 합니다.

그것은 도시가 추구하는 세속적이고 문란한 것과는 분명히 달라야합니다. 도시의 사람들은 자신들을 마음의 정욕대로 행하여 더러워졌고 자신들의 몸을 서로 욕되게 했습니다. 그들은 하나님의 진리를 거짓 것으로 바꾸어 피조물을 조물주보다 더 경배하고 섬겼습니다. 그이유는 욕망의 원천이 매우 현세적이기 때문입니다.

재림을 소망하는 신앙은, 갈라디아서 5:5절, "우리가 성령으로 믿음을 따라 의의 소망을 기다리노니"라는 말씀처럼 거짓 지식에 사로잡힌 밀의 종교나 신비 철학과는 다르게 "우리의 마음을 새롭게 변화시켜야 합니다." 세상의 주로 섬기는 황제나 권력 그리고 돈이나 비밀 지식을 단호하게 거절하고 주님이 다시 오실 그 날을 소망하며 공동체를 거룩하게 지켜나갈 의무가 있습니다.

주님을 기다리는 것은 막연하게 기다리는 것이 아닙니다. 세상을 거스르는 신앙 공동체인 교회는 고난을 받기 때문에 주님이 주신 은사를 묻어두거나 방치해서는 안 됩니다. 마치 달란트 받은 하인들처럼 적극

적인 수고와 헌신을 해야 합니다. 세상에 침투하여 세상의 빛이 되어
야 합니다.

주께서 끝까지 견고하게 해 주십니다 1:8

고린도 시에 사는 예수 그리스도를 모르는 사람들은 자기의 뜻을 위
해 삽니다. 그러나 고린도 교회를 이루는 가정교회의 성도들은 주님이
재림하는 그 날을 소망하며 삽니다. 전혀 다른 가치관과 지식을 기본
토대로 만들어서 사는 삶이기 때문에 그들은 이제 다시 옛 생활로 돌
아갈 수 없습니다. 교회 공동체에서는 주님이 주신 은사를 가지고 말
씀과 헌신으로 살아야 하지만, 삶의 터전인 도시의 삶에서도 같은 희
생과 예수의 제자도를 실천하며 살아야 했습니다.

그런데 우리에게 아무리 큰 은사가 있고 그 은사가 풍부하여도 주님
께서 끝까지 붙잡아 주시지 않으면 미래는 없습니다. 단 일순간이라도
단 한 번의 호흡이라도 주님이 주시지 않으면 그 호흡은 사람을 살리
는 숨이 되지 못합니다. 주님께서 십자가에서 신실함과 충성함으로 하
나님께 순종하셨듯이 우리가 추구하는 현재의 거룩함과 미래적 구원
을 소망하는 성도들을 주님께서 견고하게 끝까지 함께 해 주지 않으면
아무런 소용이 없습니다.

하나님의 신실하심은 멈추거나 변하지 않습니다. 교회에 어떤 고난

이 와도 하나님의 교회는 영원히 존재합니다. 교회는 교회를 무너뜨리려는 사단과 세상의 공격에 무너지지 않습니다. 보이는 교회가 실패는 있어도 보이지 않는 하나님의 교회는 끊임없이 성령의 능력으로 주 예수 그리스도와 하나님과 교제하도록 하셔서 하나님의 교회와 성도들을 견고하고 안전하게 지켜주실 것입니다.

하나님은 심판의 날인 우리 주 예수 그리스도의 날에 우리들을 책망할 것이 없는 자로 끝까지 견고하게 해 주십니다.

8절에 사용한 "지켜주신다"(βεβαιώσει, will sustain)는 하나님의 구원 사역이 아직 끝나지 않았음을 함축하고 있습니다. 하나님은 고난받는 공동체를 위해 견디도록 하나님의 뜻을 세워주시고 확신시켜 주십니다.

그러므로 그리스도인의 실체는 성도 개개인의 재능과 능력에 달려 있지 않고 완전히 하나님의 신실하심에 달려 있습니다. 빌립보서 1:6절에서 말씀한 바처럼 말입니다. "너희 안에서 착한 일을 시작하신 이가 그리스도 예수의 날까지 이루실 줄을 우리는 확신하노라."

우리 주님과 교제하는 성도들 1:9

"너희를 불러 그의 아들 예수 그리스도 우리 주와 더불어 교제하게 하시는 하나님은 미쁘시도다."(고전 1:9).

하나님께서 우리를 세속의 도시에서 불러내어 주신 것은 하나님의 교회를 세우고 거룩하게 하시려는 목적이 있음을 분명히 알아야 합니다. 하나님은 아들이신 "예수 그리스도 우리 주와 더불어 교제" 하게 하시기 위함이었습니다.

"교제"는 헬라어로 "koinonia"입니다. "fellowship"이며 주님과의 사귐은 다른 사람들과의 연합과 사귐으로 범위가 넓어집니다. 세상은 우상들과의 교제에 집중한다면 주님의 재림을 기다리는 성도들은 우리 주 예수 그리스도의 모든 권위와 함께 언약에 참여하는 것입니다.

우리 성도들은 주님의 권세를 의지하여 **예수 그리스도의 운명에 동참하는** 것입니다. 먼저는 믿음을 발생시키시는 하나님에 의해 우리는 예수 그리스도의 **복음에 믿음으로 참여하게** 되었습니다. 그리고 주님의 고난과 죽으심에 연합하여서 나를 죽이고 예수만 사는 생명에 참여하였습니다. 성령의 역사로 다시 살리시는 **생명의 초청에 기쁘게 참여**하므로 이제 사는 것은 내가 아니라 예수 그리스도를 믿는 믿음 안에서 살게 되었습니다. 이제는 주님의 날에 그의 영광에 동참하게 될 것입니다.

하나님께서는 그리스도 안에서 이미 시작하신 일을 현재 진행하시고 반드시 완성하실 것입니다. 하나님은 우리를 외면하시거나 약속을 깨지 않으십니다. 하나님은 미쁘시기 때문입니다. 즉 신실하시기 때문입니다. "미쁘시다"는 단어는 "πιστὸς"(faithful)로 신실함입니다.

고린도 사람들은 신실하지 않았습니다. 서로 속이고 배반하며 삽니다. 그러나 본문에 나오는 "주 예수 그리스도"는 지금도 "우리의 주 예수 그리스도"입니다. 때때로 우리가 실패하고 나누어지고 윤리적으로 실패해도 우리 하나님은 예수 그리스도를 통하여 우리와 맺으신 언약을 "성실하게" 진행시킬 것입니다.

하나님의 신실한 언약 안에서 성도들은 주님과 영적으로 강하게 연결되어 있습니다. 주님의 몸을 서로 나누어 가짐으로 주님과 연합하여 있음을 증명해야 합니다. 그것은 교회에서는 성도들과 함께, 세상에서는 주님의 몸을 나누어 줌으로써 그들이 주님과의 영적 교제에 참여하도록 하는 것입니다.

교회는 하나님을 거스르는 세상의 문화, 종교와 정치에 물들어 주님의 신실함을 잃어버려서는 안 됩니다. 세상에서 십자가를 지는 것이 예수 그리스도가 패배하는 것처럼 보이지만, 세상의 지식이 아닌 믿음의 성실함으로 주님의 몸을 나누어야 합니다. 그때 승리는 우리의 것이 됩니다. 고린도후서 15:57절 말씀입니다. "우리 주 예수 그리스도로 말미암아 우리에게 승리를 주시는 하나님께 감사하노니."

나가는 말

우리는 하나님의 신실하신 뜻을 믿습니다. 하나님의 뜻과 섭리가 개인들의 삶과 공동체와 세계를 자신의 목적에 따라 이끌고 가는 것을 믿습니다. 하나님이 자신의 선한 목적을 향해 교회와 공동체를 돌보시고 보호하신다는 섭리를 우리는 믿습니다. 칼빈은 『기독교 강요』에서 "헤아릴 수 없는 지혜로 모든 것을 인도하며 자신의 목적 속에 그 모든 것을 두신다"고 말합니다.

하나님의 신실하심을 우리가 분명하게 믿는다면, 우리의 믿음은 지금의 상태에서 더 깊이 들어가야 합니다. 하나님은 영원하신 통치자요 만물을 보존하시는 주님이심을 믿는다면, 그래서 바울이 감사한다는 편지의 내용은 처음 세워진 고린도 교회의 상황이 이상적인 모습은 아니어도 궁극적인 주님의 뜻 안에 있음을 믿고 현재 교회에 일어난 사건을 부정적으로 여기지 말고 감사함으로 문제를 대하라는 것입니다. 하나님의 교회는 분명히 하나님의 목적 속에 있고 하나님은 그 목적을 위해 성실하게 인도해 주십니다.

시편 33:13절에서 "여호와께서 하늘에서 굽어보사 모든 인생을 살피심이여"라고 말씀하셨듯이 하나님은 고린도 교회의 성도들을 살펴보셨고, 또 현재의 교회들도 살펴보십니다. 아브라함은 "갈 바를 알지 못하고" 떠났습니다. 하나님께서 아브라함에게 하신 말씀은 "지시한 땅"이 아니라 "지시할 땅"(12:1절)이었음을 유의해서 보아야 합니다. 아브라함은 자신을 신실하고 성실하게 대해 주실 하나님의 뜻을 믿고 앞으로 한 걸음을 내디뎠습니다.

히브리서에서는 "믿음으로 아브라함은 부르심을 받았을 때에 순종

---

6 김균진, 기독교 신학 2, (서울:새물결플러스, 2014), 11에서, 재인용.

하여 … 갈 바를 알지 못하고 나갔으며"(히 11:8절)라고 증언합니다. 하나님의 신실하심을 믿는 신앙과 감사는 요한복음 5:17절에서 "내 아버지께서 일하시니 나도 일한다."라는 주님의 말씀에 의존하여 외부에서 오는 고난과 핍박과 내부에서 오는 공동체의 분열과 문제들을 대하면서 해결해 나갈 근본적인 실마리가 분명히 존재하고 있음을 깨닫게 해줍니다.

그러므로 하나님은 자신의 백성들에게 다양한 은사를 주십니다. 그러나 이 은사는 자기의 독자적인 은사가 아니라 늘 예수 그리스도의 교제를 통해서 그리고 예수 그리스도가 다시 오신다는 "재림"에 근거하여 관점을 재검토하게 합니다.

문제가 많은 교회이고 개인일지라도 우리는 예수 그리스도와 교제하도록 은혜를 주시는 하나님을 찬양합니다. 하나님은 미쁘신 분-신실하신 분-이기에 은혜를 주십니다.

현재 우리의 상황이 부정적이고 마음에 들지 않는다고 하여도 교회와 성도들에게 주시는 은사와 은혜에 감사하고 주님과 교제하면서 하나님의 신실하심에 우리를 내맡겨야 하겠습니다. 아멘.

03

사도 바울의 간절한 호소

고린도전서 1:10-16

들어가는 말

A.D 1세기 중반, 49~50년 무렵에 바울이 로마제국 아가야 지방의 수도인 고린도 시에서 개척한 교회는 4~5년 정도 지났습니다. 성도들이 모여들면서 교회는 수적으로 부흥하고 성장했습니다. 성장하던 고린도 교회에 내적으로 여러 가지 문제가 발생했습니다.

다양한 계층과 다양한 인종이 섞여 있어서 서로 조화를 이루기 어려웠지만, 바울이 고린도를 떠날 때 고린도 교회는 비교적 서로 잘 융화하는 상태였습니다. 고린도 교회가 십자가에 달린 그리스도를 따르는 일로 모두 한 마음, 한 뜻이었는데(13, 17), 지난 3~4년 기간에 고린도 교회에 문제가 생겼습니다. 그것은 바울의 마음을 아프게 한 첫 번째 문제인 분열에 관한 것이었습니다.

바울은 고린도전서 1장 처음의 인사말에서 자신과 성도들을 (1) 하나님의 뜻에 의해 부름을 받은 사람들, (2) 이들이 모여 하나님의 교회를 이루었고, (3) 성도들의 정체성은 예수를 우리 주와 그리스도로 불렀으며, (4) 그리스도의 증거가 교회 안에 풍족하고 견고하게 있으므로, (5) 교회는 하나님의 샬롬과 그리스도의 은혜가 항상 있어야 한다고 축복하였습니다.

그리스도의 교회에는 주님과 교제하는 이유 때문에 "평화로운 상태"와 "은혜"로 항상 있어야 하기에, 공동체를 나타내는 '기준', '준거틀'이 있습니다. 그것을 도스토예프스키의 언어로 하면 "선"(line)라는 것입니다.

그의 소설 『죄와 벌』에서 '라스콜리코프'는 전당포 노파를 살해하기 위해 하숙집을 나와 다리를 향해 걸어갑니다. 그가 문지방을 "넘어갔고" 다리를 "건넜습니다." 그가 "넘어가"서 노파의 머리를 내리친 것은 "선"을 넘어간 것입니다. 러시아 단어 "죄"(prestuplenie)는 "넘어가다"(prestupit')라는 말에서 파생되었는데 넘어서는 안 될 어떤 "선"을 넘어가는 것이 "죄"라는 것입니다.[7]

바울은 축복을 빌고 하나님의 신실하심을 기원하며 사랑했던 하나님의 교회가 "선"을 넘어가는 문제투성이의 모습을 앞으로 읽게 될 본문에서 적나라하게 밝히고 있습니다.

---

7 석영중, 매핑 도스토옙스키, (파주: 열린 책들, 2019), 253~255.

교회를 새롭게 시작하시는 분들 중에는 교회 생활에서 여러 가지 문제로 인해 아픔을 겪었던 경험들이 있습니다. 마음속으로 이런 사실들을 안타깝게 여기고 다시는 반복하지 않으려는 각오로 교회를 시작합니다. 사실 현재에도 많은 교회들이 "선"을 넘어가는 일을 반복하면서 바울의 축복했던 "샬롬과 선물"의 자리로 돌아오지 못하고 분쟁하고 분열하는 사례들을 보게 됩니다.

십자가의 말씀을 단순히-본인들은 생각하고 생각했다지만-감정의 차원으로 받아들여 사고와 감정의 뉘우침은 있지만, 마음에서 발생해야 할 회개와 삶의 변화를 갖지 못하는 경우가 있습니다.

그래서 자신이 심사숙고하여 내린 문제에 대한 결단이, 성경의 가치 기준과 어긋납니다. 뿐만 아니라 일반사회 또는 시대정신의 가치 기준으로 교회 생활에 적용시켜서 어려움을 겪게 되는 경우들이 많이 있습니다.

본문을 포함하여 고린도전서 4:21절까지 고린도 교회의 분열 문제와 그 해결 방법을 분명하게 성경적, 신학적으로 찾아가는 과정이 기록되어 있습니다.

오늘 본문에서 구체적으로 나타나지 않지만, 바울이 방법으로 제시한 "십자가에 달린 그리스도"에 대한 본문의 주해와 해석과 적용 그리고 실천명령을 찾는 "읽기"를 통해 바울이 말하는 "선"에 대한 "기준"을 밝히려고 합니다.

본문을 읽고 해석하면서 단순히 교훈을 알고 깨우침이 아니라 실제 문제에 부딪혔을 때 바울이 전한, 예수 그리스도가 산상수훈에서 말씀하신 것인 "복음", "십자가의 복음"(원래대로, Ad Fontes)으로 돌아오기를 희망하면서 교회의 본질을 다시 우리 공동체에 각인시켜야 하겠습니다.

바울이 들은 소식 1:11a

> "내 형제들아 글로에의 집 편으로 너희에 대한 말이 내게 들리니 곧 너희 가운데 분쟁이 있다는 것이라."(고전 1:11).

고린도 교회 사람들도 바울에게 편지를 썼습니다(7:1). 바울과 교회에게 편지를 전해준 믿을만한 세 사람의 이름이 고린도전서 16:17절에 보면, '스데바나', '브드나도', 그리고 '아가이고'입니다. 11절에서는 특별히 교회에도 잘 알려지고 신뢰할 만한 "글로에"라는 여자 이름이 나옵니다. 그녀는 에베소나 고린도에 기반을 두고 사업을 하는 비즈니스 우먼이었습니다. "집"이라는 것은 그녀가 노예들과 agent(NIV), 또는 employees(종업원들)과 함께 사업을 했고 그들이 "household"를 구성했습니다. 따라서 그녀는 부요했고 영향력도 있는 사람이었습니다.

글로에라는 이름은 그리스 신화에서 농사, 결혼, 사회질서를 관장하는 'Demeter' 여신의 별명입니다. 로마에서는 'Ceres'입니다. 아마 노예 출신의 자유인들이 자신들의 신의 이름을 가졌던 풍습으로 보면 본문에서 글로에는 노예 출신의 자유인일 것으로 추정됩니다.[8]

그런데 교회의 소식을 전하는 그녀의 입장은 아마 고린도 교회의 성도이지만, 바울에게 더 관심을 갖고 있거나, 교회 내에서의 위치가 파워 그룹 밖에 있어서 교회 내의 지도자들보다는 바울에게 더 가까이하려는 loyalty(충성, 신뢰 관계)를 두고 있는 것으로 보입니다.[9]

바울이 들은 구체적인 내용 1:11b-12

"곧 너희 가운데 분쟁이 있다는 것이라. 내가 이것을 말하거니와 너희가 각각 이르되 나는 바울에게, 나는 아볼로에게, 나는 게바에게, 나는 그리스도에게 속한 자라 한다는 것이니"(고전 1: 11b~12).

고린도 교회 안에 심각한 분쟁이 있습니다. 고린도 교회의 성도들이 몇 명의 이름으로 대표되는 사람들에게 속해 있었다는 겁니다. "분쟁"을 "ἔριδες"(erides, quarrels)로 쓰고 있습니다. "Eris"는 헬라어로 '전쟁

8　이민규, "고린도 교회의 분열의 위기에 대한 사회학적 연구," 성경과 신학, 37권, (2005), 455, 재인용.

9　Nighswander, Dan, 1 Corinthians, (VA:Herald Press), 64.

을 즐기는 여신'(a goddess who excites to war), 전쟁에 흥분하는 여신으로 번역됩니다. 형제는 "Aris"(전쟁의 신)입니다. 이 단어가 로마의 전쟁의 신인 "Mars"와 같고 "battle-strife'"(전투, 투쟁)으로 쓰였습니다[10].

이 단어가 바울서신 여러 곳에 나올 정도로(고전 3:3, 고후 12:20, 롬 1:29, 갈 5:20, 빌 1:15) 교회 안의 분쟁이 전쟁과 같이 심각했다는 것입니다.

구체적인 분쟁의 내용은 12절의 말씀처럼, 특정 지도자를 따르거나 그들의 주장에 동조하면서 그들에게 속한 사람들과의 다툼이었습니다. 앞에서 말씀드린 것처럼 흩어져 있는 몇 개의 가정교회와 함께 모두 모이는 큰 가정교회로 구성이 되어있음을 생각할 때, 각 가정의 모임을 주도하는 지도자를 중심으로 나누어지는 문제가 발생했습니다. 그리고 문제의 중심에 세례가 있었습니다. 나는 누구에게 세례를 받았다고 하면서 이것이 분쟁의 원인이 되었습니다.

첫째, 바울에게 속해 있다는 사람들입니다. 이들은 지도자들을 단순히 '따른다'(follow)가 아니라 I am of Paul(나는 바울에게 속해 있다)입니다. 이것은 조직적으로 구체화된 조직은 아니지만, 여러 설교자들이나 지도자들 이름을 중심으로 모인 무리들 중의 하나입니다. 이들은 교회에 최초로 복음을 전해 주었던 바울에게 신실하게 충성했던 사람들로 볼 수 있습니다. 그들은 아마도 바울에게 교회에서 처음으로 세례 받은 것을 자랑스럽게 생각했던 사람들로 추정됩니다.

---

10 Kenneth, Bailey, Paul through Mediterranean Eyes, (Il:IVP, 2011), 69.

그런데 바울에 속해 있다는 사람들도 바울과 그리스도의 정신을 따르고 있지 않다는 점에서 바울이 말하는 기독교 정신과는 거리가 있습니다. 본문에서는 '종파'의 의미보다는 '파벌'의 의미가 강하지만, 여기서는 '속해 있다'는 표현으로 사용합니다.

둘째, 아볼로에게 속해 있다는 사람들입니다. 아볼로는 알렉산드리아 출신으로 대단한 성경 지식과 수사적 능력을 가진 사람입니다. 브리스길라와 아굴라로부터 가르침을 받은 후 고린도를 방문했습니다(행 18:24~19:1). 철학과 수사학을 자랑하던 고린도의 전통을 이어받아 성령의 영감으로 주어진 지식과 언변에 대해 열광하던 고린도 그리스도인들은 이 아볼로를 선호하고 그들이 글로 쓸 때와는 달리 실제 설교할 때는 눌변가로 평가하였던(고후 10:10, 11:6) 바울을 무시하였습니다.[11]

그의 이름이 고린도전서에서 일곱 번(1:12, 3:4~6, 22, 4:6, 15:12), 디도서에 한 번(3:13), 그리고 사도행전에 세 번(18:24, 27, 19:1)이 나오지만 그중에서 가장 빈번하게 등장하는 고린도전서에서는 그에 대한 자세한 소개를 찾기는 힘듭니다.

그는 "지혜"를 최고 가치로 추구하는 이방인 출신의 고린도인들이 지혜로운 말을 전하는 아볼로의 매력에 이끌려 아볼로를 좋아한 나머지 나는 아볼로파라고 자칭하는 사람이 생겨났다고 여겨집니다. 이들은 아볼로를 통해 지혜를 얻은 것을 자랑했습니다. 그것은 앞으로 나

---

11 김세윤, 고린도전서 강해, (서울:두란노, 2008), 46.

타날 "지혜"에 관한 언급을 생각하면 됩니다(1:17~2:16). 그가 자라난 알렉산드리아는 지혜 사상으로 유명한 곳입니다. 지혜는 수사학과 관련이 있다면, 아볼로는 수사학의 선생이나 웅변가로 볼 수 있습니다.[12]

고린도전서 1~4장에서 "지혜(소피아)"란 용어는 26번이나 사용되는데, 고린도전서 1~4장을 제외하면 이 용어는 바울서신 전체에서 7번 정도밖에 사용되지 않을 정도로 19번이 모두 고린도전서 1~4장에서 집중적으로 사용되고 있습니다. 그리고 아볼로의 이름도 고린도전서 전체에서 7번 나오는데 6번은 처음 4장에 나옵니다.

셋째, 게바에게 속해 있다는 사람들입니다. 이들은 "약한 자들"(고전 8~10장)이라 칭해진 사람들로서 특정 음식을 삼가는 규칙 등을 강조한 베드로의 가르침을 선호하여 베드로를 그들의 선생으로 모시고 율법을 무시한 바울의 복음과 사도직에 대해 의문을 제기한 사람들이었던 것 같습니다.[13] 이들은 베드로가 수리아 지역에서 선교사역을 한 결과 그때 회심한 유대인들이 고린도로 이주해서 모인 분파일거라고 생각됩니다.

게바의 이름이 고린도전서에 바울과 아볼로 그리고 그리스도와 함께 나오고(3:22~23), 바울과는 9:5절에, 다른 사도들과는 15:5절에 나오지만, 사실 베드로가 고린도를 실제 방문했는지는 알 수 없습니다. 고린도 교회의 유대주의적인 경향이(본토에서 이주한 유대인들) 있어서,

---

12 이민규, "고린도 교회의 분열의 위기에 대한 사회학적 연구," 459.
13 김세윤, 46.

초기 교회에서 유명하고 인정된 지도자여서 언급되었거나, 그가 예루살렘 교회의 대표였기 때문으로 봅니다.

"왜냐하면, 제가 고린도 지역의 다양성에 대해 말씀드렸듯이 고린도 교회도 다양한 인종과 계층의 사람들이 모였습니다. 고린도 지역의 교회 공동체도 3개의 주도적인 그룹들이 자연스럽게 형성되었을 것으로 봅니다. 첫째는 로마 시민권을 가진 자들, 둘째는 헬라인들, 셋째는 유대인들입니다. 그런데 새롭게 형성된 코이노니아에선 3개의 그룹들이 동등하게 여겨졌을 겁니다.

그러나 고린도 시의 특성인 사회적 계층으로 보면, 로마 시민권자들이 가장 우선이었고 그다음이 헬라인들, 그리고 이주자로서 유대인들이 마지막 계층을 형성했을 겁니다. 그래서 교회에서도 로마 시민권자인 바울의 지도력을 선호하고, 고린도 지역에 있는 지혜와 철학을 잘 알고 있고 헬라어를 구사하는 사람들은 헬라파 유대교의 입장인 아볼로를 더 따르고, 유대인들은 자신들의 본토인 갈릴리나 유대 지역 출신인 지도자로서 게바를 추종했을 것입니다.[14]"

넷째, 그리스도에게 속해 있다는 사람들입니다. 이 사람들은 바울, 아볼로, 게바 등 인간들의 가르침에 얽매일 필요 없이 성령을 통하여 직접 부활하신 주 예수 그리스도와 교제하고 있다고 주장한 것으로 생각합니다. 또는 "다른 분파들이 각자 인간적인 지도자들을 강조하는 것을 보고 그 문제점을 드러내기 위하여 그리스도를 내세워 주장한 것

---

14 Kenneth, Bailey, Paul through Mediterranean Eyes, (Il:IVP, 2011), 70.

이거나 아니면 사도적인 권위와는 다른 권위를 갖고 있다고 주장한 사람들이 그리스도를 내세운 것일 수도 있다고 보기도 합니다.[15]

이처럼 교회는 분쟁에 휘말려 있습니다. 분쟁의 의미는 단순한 말다툼이 아니라 교회를 어지럽히고 파괴하는 행위입니다.

바울의 호소-너희를 위하여 그리스도께서 십자가 죽으셨고 그리스도의 이름으로 세례를 줍니다 1:13-16

바울은 교회의 중심이 누구를 통하여 이루어지고 무엇을 했는지에 대해서 다시 강조합니다. 그러면서 바울은 은근히 자기편이라고 여기는 자들에게 경고의 종을 울립니다. 13절입니다. "그리스도께서 어찌 나뉘었느냐 바울이 너희를 위하여 십자가에 못 박혔으며 바울의 이름으로 너희가 세례를 받았느냐?" 3개의 동사를 수사적 언어로 사용하고 있습니다. "나뉘었느냐?", "십자가에 못 박혔느냐?", 그리고 "세례를 받았느냐?"입니다.

특히 "그리스도가 어찌 나뉘었느냐?"는 질문은 당연히 부정적인 답변인 "No"를 요구하는 질문입니다. 이어지는 질문도 마찬가지입니다. "바울이 여러분들을 위해 십자가에 못 박혔습니까?", "바울의 이름으로 여러분들이 세례를 받았습니까?" 답변은 "아니지요."입니다.

---

15 김지철, 고린도전서 100주년 주석, (서울:대한기독교서회, 1999) 95.

우리가 사는 도시를 변화시키고 그 도시에 그리스도가 전한 하나님 나라의 복음을 심을 우리가- 인간들이 가진 지도력이나 같은 민족과 같은 사회적 계급이라고 해서 그리고 지혜가 뛰어났다고 해서 그들이 십자가에서 죽고 그들의 이름으로 세례를 받은 것은 아니지 않느냐?- 어떻게 그리스도의 몸을 시장의 물건처럼 나누어서 가질 수 있느냐? 그런 행위는 인간들의 그 무엇도 교회 공동체를 이루는 몸이나 믿음이 될 수 없다는 말입니다.

사도 바울은 "**십자가의 사건**"이 반복될 수 없는 단회적인 것임을 강조합니다. 이미 "일어난" 사건입니다. 그래서 "was Crucified"(이미 발생하여 지금까지 효력이 지속되는) 예수 그리스도의 십자가 사건이 "당신을 위하여"(ὑπὲρ for, ὑμῶν you) 이미 발생한 것이어서 다시 반복할 수 없는 것입니다.

바울이 이것을 말하는 이유가 있습니다. 그리스도인의 존재 이유와 교회의 존재가 어떤 지도자들의 말과 지혜 그리고 권위에 있음이 아니라 그리스도의 십자가에서의 죽음에 있다는 뜻입니다. 그리스도는 십자가에서 그의 백성들의 죄를 지시고 죽으심으로(값을 치름으로) 그는 구원자이시며 교회의 머리가 되신다는 사실입니다.

"**세례**"는 모두 "그리스도의 이름으로" 받습니다. 세례를 행하는 자는 중요하지 않습니다. 세례는 분명하게 외적으로 보이는 의식적인 모습이며 증언이며 증거입니다. 세례는 그리스도의 이름으로 이루어져서 그리스도가 주님이며 주님이 나의 최종적인 권위자이며 그리스도가 내 삶의 주인임을 인정하고 그분만을 따르겠다는 의사표시입니다. 세례를 받는 것은 주님만이 나의 머리 됨을 외부에 표시하는 자기 증언입니다.

또한 "세례"는 어두움의 세력과 영이 장악한 세속의 왕국에서 빛의 왕국인 하나님의 나라로 옮김을 받는 영광스러운 의식입니다. 성도들이 속한 곳은 오직 "그리스도"이심을 "세례"로 표현하고 있습니다. 그래서 성도들은 지도자를 그리스도 보다 더 섬기고 따라서는 안 됩니다. 성도들은 오직 그리스도를 섬기고 오직 그의 다스리심에 순종해야 합니다. 이 두 가지-그리스도의 **십자가와 세례**-가 교회와 성도들의 정체성을 명확하게 해 줍니다.

14~16절에서 바울은 자기가 했던 일을 자연스럽게 이야기합니다. 자신이 고린도 교회에서 단지 소수의 사람들에게만 세례를 주었다는 사실에 대하여 하나님께 감사합니다. 실제로 바울에게 세례를 받은 사람들은 그리스보와 가이오였습니다(14절) 그리고 바울은 스데바나 집 사람들에게도 세례를 베푼 일이 있음을 기억합니다. 그러나 그 외에는 다른 누구에게도 세례를 준 적이 없다고 말합니다(1:16).

그 이유를 15절 "이는 아무도 나의 이름으로 세례를 받았다 말하지 못하게 하려 함이라."에서 밝히고 있습니다. 아무도 바울의 이름을 향해 세례를 받았다는 말을 못 하도록 하기 위해서였습니다.

16절에서 "그래 나도 세례를 준 일이 있지. 그런데 기억도 잘 안나." 이런 말입니다. 즉 세례의 의미를 평가절하 하는 것이 아니라 세례를 준 나를 기억하지 말고 '세례의 본래 뜻'을 기억하라는 의미입니다.

바울은 17절에서, 말씀드리겠지만 복음 선포에 집중하기 위해서 개척교회 시기에는 몇 명에게 세례를 주었고 나머지 성도들에게는 지도자들을 세워서 맡겼습니다.

사도 바울은 글로에의 편으로 고린도 교회에 분쟁이 있다는 소식을 듣고 십자가의 사건과 세례의 의미를 밝혔습니다. 자신은 전혀 교회에 영향력을 행사하지 않고 있고 다른 사람도 사회의 계층적 유대감, 동일한 문화에서 오는 친밀감이나 인종간의 동질성이 자기의 유익을 위해 있어서도 안 된다고 수사적인 언어로 전달하고 있습니다.

그로 인해 교회가 나누어져서는 안 된다고 반어법으로 호소하고 있습니다. 바울은 처음 인사말에서 강조한 '하나님의 샬롬'과 '예수 그리스도'의 선물인 '은혜'를 기억하며 지키라는 것입니다.

바울이 문제의 해결을 위해 호소하는 구체적인 내용을 살펴보겠습니다.

같은 말, 같은 마음, 같은 뜻으로 온전히 합하라 1:10

바울은 고린도 교회에서 발생한 분쟁의 해결을 "하나님의 샬롬"과 "그리스도의 은혜"를 기반으로 제시하고 있습니다.

바울은 "형제들아"라고 부르기 전에 먼저 "권하노니"라고 합니다.

헬라어 어법으로 보면 제일 먼저 나오는 단어가 강조됩니다. "Παρακα λῶ(parakalo, I exhort, I appeal)는 "권하노니"로 번역이 되었지만, 이 말은 사도적인 권위를 나타내는 것처럼 보이기도 합니다. 그러나 "호소한다"는 "appeal"은 그리스도에 대한 확신에 기초를 두고 있습니다. 그리고 고린도 교회 성도들과 자기의 관계를 가족과 같이 생각하는 것으로 볼 때 "호소한다'는 말이 더 설득력이 있을 것 같습니다.

이와 같은 단어가 누가복음 15:28절에 나옵니다. "그가 노하여 들어가고자 하지 아니하거늘 아버지가 나와서 권한대." 돌아온 탕자의 비유에서 아버지가 돌아온 아들을 환대하자 큰아들이 노하여 돌아온 둘째 아들의 잔치에 들어가기를 거절했을 때 아버지가 권할 때의 "권한대"에서 같은 단어가 쓰였습니다. 이것에 대해 Bailey는 "화해를 요구하는 깊은 바람"을 가리키는 강한 단어라고 합니다.[16]

바울의 권면은 단순히 요구하는 정도가 아니라 강력한 화해를 요구하는 호소입니다. 그것도 "우리 주 예수 그리스도의 이름으로" 권하는 것은, 호소를 넘어 "간청하는 것"입니다. "우리 주 예수 그리스도"가 1장에만 5번 나오고 15장까지는 이상 나오지 않습니다. 1장에 5번 나오며 되풀이하는 이유는 그만큼 "연합"을 위한 강력한 의지의 표현임을 알 수 있습니다.

바울이 그들을 부를 때 한글 성경에는 "형제들아"라는 남성명사를 써서 남자들만 부르는 것처럼 보이지만, 고린도전서에만 이 단어가 20

---

16 Kenneth, Bailey, Paul through Mediterranean Eyes, (IL:IVP Press, 2011) 69.

번 나타나고 의미는 "형제와 자매들"이며 고린도전서 16:15, 로마서 15:30, 16:17, 그리고 데살로니가전서 4:10, 5:14절에도 찾아볼 수 있습니다.

따라서 "형제들아"로만 읽는 것은 잘못 읽는 것입니다. NJB, NIV는 형제들로, 2011년 NIV와 NRSV는 "형제들과 자매들"로 번역했습니다. 바울은 형제들과 자매들 모두가 예수를 메시아(그리스도)와 우리 주로 고백한 가족과 같은 관계로 여겼기 때문에 이렇게 간청합니다.

간청의 내용 1:10

바울의 호소는 3가지입니다. 그 중의 첫 번째와 마지막의 것은 긍정적인 것으로 중간의 것은 부정적인 의미로 쓰고 있습니다.

> "모두가 같은 말을 하고 너희 가운데 분쟁이 없이 같은 마음과 같은 뜻으로 온전히 합하라."(고전 1:10b).

"같은 말을 하라"는 것은 '서로 동의하라'입니다. 파벌주의의 반대로 사용되었습니다. "분쟁이 없이"에서 분쟁으로 쓰인 단어인 "schismata"는 문자적으로는 '잘라내어 버리다'의 뜻입니다. 여기서 '분파'(schism)라는 말이 나왔습니다.

"분쟁"(분열, splits)을 'division'으로 번역하는 것은 바울의 논점을 잘 보여주는 것이 아닙니다. 이 말은 의견의 불일치를 함축하기 때문입니다. 그러나 마가복음 1:19절에서 "분쟁"이 단순한 의견의 불일치가 아니라 '그물이 찢겨져 수리하지 않으면 안 되는 상황'이며, 교회 내의 다툼은 '그리스도의 몸에서 팔과 다리를 찢는 것'과 같이 아주 심각한 의미라고 보았다는 것입니다(고전 12:27, 11:18, 참조).[17]

"온전히 합하라."라는 의미는 이전 상태로의 회복의 의미를 담고 있는 말입니다.[18] "close-knit"라는 말이 있습니다. 뜻이 "가깝게 지내다."인데, 온전히 합하라는 것도 "knit-together"입니다. 즉, "접합시키다", 실로 뜨개질을 하는 것은 실을 서로 결합시키는 것처럼 "온전히 합하라"는 마가복음 1:19, 마태복음 4:21절처럼 '그물을 기워서 서로 결합시키는 것'입니다.

다른 영어 버전들을 보면, NRSV, NIV와 NLB는 "United"로, NASV는 "made complete"로 KJV는 "joined together"로 번역을 했습니다. 원래의 이전 상태로 돌아가는 것, 회복하는 것을 원합니다.

며칠 전에 저희 집 수도가 터져서 천장이 새고 카펫이 다 젖었습니다. 천장을 수리하는 분이 얼마나 페인트를 잘했는지 이런 말을 합니다. "nothing happen"(아무 일도 없었어)라고 웃으면서 말했습니다.

"온전히 합하는 것"은 뼈들이 부러져서 흩어져 있는 것을 다시 원 위

---

17 앤토니, 티슬튼, 고린도전서 주석, (서울:성서유니온, 2011) 78~79.
18 홍인규, 우리의 자화상 고린도 교회, (경기:킹덤북스, 2013), 29.

치시켜서 제 역할을 하게 해 주는 것입니다. 싸워서 나누어진 파벌이나 분파들을 다시 함께해 주는 것입니다.

어떻게 다시 원래대로 돌아갈 수 있을까? 1:10

10b절은 "같은 마음과 같은 뜻"으로 하라고 합니다. 이 두 단어는 그리스 문학에서는 짝을 이루어서 함께 동의어로 사용합니다. 특히 뜻으로 쓰인 "γνώμη"(gnome)는 다양한 영어로 번역이 됩니다. "purpose", "thought", "judgement", "opinion"입니다.

진리에 대하여 같은 마음과 같은 목적을 가지라는 것입니다. 진리에 맞는 행동을 하도록 잘 판단하라는 것입니다. 이 일치됨을 위하여 성도에게 주신 언변과 지혜를 사용하여 자기와 다른 지도자에게 속해 있는 성도들을 설득하고 이해시키고 무엇이 옳은 것인지 바른 의견을 전달하고 판단하는 것입니다.

교회 지도자들이 자기의 뜻을 세우고 공동체를 인도하지만, 교회의 일치를 깨뜨리고 그물을 찢는 말과 행위라면 얼른 멈추고 일치를 위한 행동을 개시해야 합니다.

우선적으로 할 것은 마음을 맞출 수 있도록 내 마음을 다시 셋업(set up)시키는 지혜를 가지고 있어야 합니다. 사실 마음에 들지 않아 부글부글 끓을 수 있지만 우리는 먼저 "하나님으로부터 샬롬"을 받고 "그리스도에게 은혜를 선물"로 받았음을 축복으로 여긴다면 마음속에서 일어나는 어떤 종류의 불편함도 이겨낼 수 있다고 생각합니다.

그리고 교회에 어떤 문제가 발생했을 때 내가 취해야 할 행동과 말이 무엇인지 진지하게 생각하고 또 생각해야 합니다. 부당한 말을 듣고 갈등이 생겨도 먼저 공격과 비난하는 일을 삼가 하고 그들의 마음이 어떤지를 살펴보는 지혜를 발휘해야 합니다. 또 지혜롭게 다가가 부드러운 말로 대화하면서 의견의 조화를 만들 방법을 찾는 것이 좋습니다.

나설 때와 물러설 때를 아는 것만 잘 지키고 같은 마음과 같은 목적이 나의 유익인지, 아니면 교회 공동체의 유익인지를 판단할 수 있는 영적 우선권을 쥐고 있으면서 때를 기다린다면, 공동체는 편안해지고 더 강력해 질 것입니다.

마음이 격동하는 대로 움직이는 것은 은혜를 제대로 체험하지 못한 자기도취(나르시스즘)의 정신 수양에 불과한 신앙입니다. 그리스도께서 십자가에서 죽으신 의미를 몸에 지고 세례를 항상 기억하며 살아야 합니다.

자기의 유익을 지키기 위해 공동체를 분열시키는 말을 내뱉는 사람들을 잘 설득해야 합니다. 자기 유익을 내세우지 않고 온전히 하나 됨을 위하여 하나님의 샬롬과 그리스도의 십자가와 세례의 의미를 날마다 기억하고 ,또 날마다 주님 안에서 죽고 살아나는 체험을 해야 합니다.

나가는 말

고린도 교회는 언변과 지식이 뛰어나고 그리스도에 관한 깊은 확신이 있었고 영적인 은혜의 선물들이 부족하지 않은 장점이 많은 교회였지만 교회는 분열의 위기가 있었습니다. 교회 분열의 원인은 성도들끼리 개인적인 갈등에서 시작된 것이 아니라 특정한 지도자들을 중심으로 교회 내에 그 지도자를 지지하고 후원하는 성도들과 부유하고 지혜가 많은 지식층과 은사 중심주의자들과의 다툼으로 일어났습니다.

이 다툼은 단순한 다툼도 아니었고 신학적인 논쟁도 아니었습니다. 다른 바울서신에서 나오는 것처럼 신학적인 주제로 인한 다툼이 아니라 지도자를 중심으로 서로 경쟁했던 권력 다툼이었다는 사실입니다.

왜냐하면, 지중해 지역의 문화는 특정 개인을 숭배하고 그를 지지하는 특징이 있습니다. 그것은 권위적이었고 집단주의적인 생각을 하고 집단적 행동을 개인적 행동보다 우선시하는 것이 지배적인 시대였고 사회였기 때문입니다. 그래서 세속 도시의 특징인 그리스 로마의 권력 중심의 문화가 그대로 교회 안에 들어오게 되었다고 볼 수 있습니다.

바울은 교회를 세우면서 지배적인 그리스 로마 문화를 정면으로 거절하고 새로운 문화를 창출하려고 했습니다. 바울은 교회가 특정 인물의 주도로 인도되는 것을 장려하지 않습니다. 중요한 사실은 성도들이 세례를 받은 결과는 그의 소속이 고린도 도시의 문화와 종교나 철학이 아닙니다. 특히 교회 안에서 물질이 많거나 지혜가 넘치는 사람의 지배 아래 있는 것도 아닙니다. 세례를 받은 자는 주님 안에 속해 있는 것이 기본이며 공동체의 시작입니다.

그리스도인은 반드시 그리스도에게 속하였다는 증거로 "세례"를 받았기에 그분 앞에 무릎을 꿇고 그의 말씀 앞에 복종해야 합니다.

교회 안에서 일어나는 문제를 해결하는 데 많이 실패한 이유가 바로 "처음의"(그리스도의 십자가와 세례) 소속 문제를 뼈 속까지 새기지 못했기 때문이라고 저는 생각합니다.

사실 교회에서 일어나는 대부분의 문제는 신학적인 문제가 아닙니다. 어느 지도자의 뜻대로 진행되지 않은 자존심과 교만의 문제에서 많이 시작됩니다. 본문에서 나오는 문제가 갈라디아 교회의 문제처럼 신학적 차이가 아니라 세상 정치에서 일어나는 파벌의 문제가 고스란히 현재 교회에서도 일어난다는 것입니다.

공동체를 하나님의 이름으로 인도한다고 하면서 실제로는 공공연하게 세상 사람들의 방식으로 행동하기 때문입니다. 자신의 지지 세력을 얻기 위해 맛있는 것을 먹이고 선물을 주고 편을 들어주어서 제대로 판단을 하지 못하게 만들거나 거절하지 못하게 편의를 제공해 줍니다. 즉 지지자를 얻기 위해 선한 행동으로 희생하고 섬기는 모범이 아니라 교회 지도자들을 헐뜯고 슬며시 허물인 것처럼 흘려 말해서 성도들이 지혜로운 판단을 하지 못하게 방해합니다. 교회는 점점 세속화되어 갑니다. 안타까운 일들이 여러 지역에서 일어납니다.

사도 바울은 이런 모습들을 글로에의 집 사람들이 전해 준 소식을 들으면서 혼신의 노력을 합니다. 자존심, 이기적인 욕구, 지도자가 되려는 마음 다 내려놓고 십자가를 지라고 간절히 호소합니다. 그리스도와 함께 십자가에 못 박혔던 죄인 중의 괴수임을 인정하고 같은 마음을 가지고 같은 목적으로 하나님의 교회를 섬기라고 호소하며 간청하고 있습니다. 바울의 간절한 호소로 가득 차 있는 본문의 말씀을 다시 되새김질하면서 읽고 또 읽으시기를 바랍니다. 아멘.

04

그리스도의 십자가(1)

고린도전서 1:17-25

들어가는 말

바울은 로마 제국 내의 여러 지방으로 선교여행을 다니면서 말씀을 증거 했습니다. 바울이 증거 한 내용은 "하나님의 말씀에 붙잡혀 유대인들에게 예수는 그리스도"라고 밝히고 증언하였습니다(행 18:5). 이 말씀을 들은 사람들의 반응이 나타났습니다. 유대인들은 바울을 대적하고 비방했고, 하나님을 경외하는 이방인들은 주를 믿고 또 도시의 다른 사람들도 믿고 세례를 받았습니다. 하나님의 교회는 예수를 "주"와 "그리스도"로 믿는 사람들에 의해서 세워졌습니다.

바울은 고린도전서 1장 서두에서 밝힌 바처럼 교회 공동체가 복음으로 온전히 세워지길 원했습니다. 그 중심에는 '하나님의 샬롬'과 '우리 주 예수 그리스도의 은혜'가 항상 있기를 소원했습니다. 그런데 바울이 고린도 교회를 떠난 후 들려온 소식은 교회 안에 분쟁이 있다는 소식이었습니다. 자기에게 세례를 준 지도자를 중심으로 교회 안에 다툼과 분열이 있다는 것이었습니다.

신학적인 다름으로 일어난 다툼이 아니라 특정한 교회 지도자들의 가르침에 절대성을 부여한 권력 다툼의 분쟁이었습니다. 바울은 교회가 찢어져 형제와 자매들이 나누어진 고린도 교회 성도들에게 권면합니다. 다른 주장들로 인해 교회가 갈라져서는 안 된다, 같은 생각과 같은 뜻을 가지고 같은 말을 하는 '샬롬의 공동체'로 회복되어야 한다고 강력하게 권고하고 있습니다. 권면의 핵심은 이것입니다. 부르심을 받고 보내심을 받은 것을 사명이라고 한다면, 성도들은 사명의 본질을 회복해야 한다는 것입니다.

그래서 17절은 분쟁과 권력 다툼으로 교회를 부끄럽게 하는 지도자와 성도들을 강력하게 질타하며 호소하고 있습니다.

사명의 본질을 확인하라 1:17

바울 자신도 그리스도께 받은 사명의 본질을 명확하게 밝힙니다.

"그리스도께서 나를 보내심은 세례를 베풀게 하려 하심이 아니요 오직 복음을 전하게 하려 하심이로되"(고전 1:17a).

사명의 본질은 "오직 복음을 전하는 것"이라고 말합니다. 여기서 "세례를 베풀게 하려 하심이 아니요"라는 뜻은 세례를 가볍게 여기는 것이 아닙니다.

세례는 예수 그리스도와 관계를 맺는 것입니다. 그리스도와 하나가 되는 것, 한 몸이 되는 것입니다. 세례는 예수의 이름과 연결되는 외적인 표식이며 증거입니다. 예수 그리스도께 속해 있다는 증언입니다.

그러므로 세례를 주는 자는 단지 이 관계를 맺게 하는 중개인에 불과합니다. 세례를 베푼 자와의 개인적인 관계를 강조하여 본질을 잊어버리고 분열의 도구로 세례를 이용하지 말라는 것입니다. 교회의 본질과 사명은 17a절에서 말하고 있듯이 "오직 복음을 전하게 하려 하심이로되"라고 말하고 있습니다. 여기서 복음은 "예수는 그리스도"라는 의미입니다.

고린도 시에서는 사람들이 마치 자신을 구원해 줄 것 같은 다양한 진리들을 추구하고 있었습니다. 신비로운 종교들이 현재의 불확실한 상태를 안정시켜주는 신들과 밀접한 관계들이 있었습니다. 오래전부터 지식층의 지적인 욕구를 채워줬던 철학적 진리들이 있었습니다. 로마 제국주의 지배에서는 로마의 왕을 "주"라고 불렀고 왕의 지위를 부정하는 자들에 대해서는 탄압을 했습니다.

그러므로 예수가 그리스도라는 것을 받아들이는 것은 매우 위험한 선택이었습니다. 로마 제국의 정치적인 면에서도, 유대교와의 관계에서도 예수가 메시아라는 것은 그들이 원했던 인물이 아니었습니다. 철학이나 신비 종교에서도 예수라는 인물을 하나의 철학적, 종교적인 지도자에 불과했지 그를 절대적인 진리의 소유자로 보지 않았습니다. 그런 그를 절대적 진리의 소유자로 부른다는 것은 매우 어렵고 위험한 일이었습니다. 그럼에도 바울은 자신이 주님으로부터 부르심을 받은 사명은 복음을 전하는 것인데 그 복음은 바로 그리스도이신 예수가 하신 일에 있다는 것입니다.

사도바울은 이 복음을 전하는 방식에 대해서 말합니다. 17b절 "말의 지혜로 하지 아니함은 그리스도의 십자가가 헛되지 않게 하려 함이라."라는 말로 명확하게 표현합니다.

표면적인 의미는 일반적으로 사람들의 입으로 하는 말이나 말로 만들어내는 지혜가 아니라 그리스도의 십자가라는 사건과 그 사건의 의미가 복음이기 때문에 그 복음을 전한다는 것입니다.

여기서 우리는 분명히 생각해 보아야 할 것이 있습니다. 고린도전서를 시작하면서 매우 강조하며 기본적인 기반이 있다고 말씀드렸습니다. 그것은 우리가 믿고 신뢰할 만한 내용이고 그 내용을 중심으로 해서 우리의 신앙체계가 세워지고 그 체계를 따라서 믿음의 내용과 삶의 형태가 구성되고 행해진다는 것입니다.

먼저 교회를 생각해 보겠습니다. 교회는 여러 가지 사명이 있고 해야 할 일이 있습니다. 교회의 여러 가지 사명 중에 "설교", "말씀 증거",

"강설", "강론"이라고 불리는 말씀 선포가 있습니다. 과연 이것이 제대로 역할을 하고 있느냐의 문제입니다. 물론 여러 가지를 다양하게 전해야 하지만 그 중심을 이루는 기초가 과연 "복음"이고 "그리스도"가 있느냐 하는 것입니다.

대다수의 설교자들이 강단에서 말씀하는 것이 당연히 복음이고 그리스도가 중심이라고 하지만, 설교자의 숨겨져 있는 욕망을 투사시키거나, 본문과는 관계없는 이야기, 잡다한 교양적인 교훈들, 성경에 나타난 성공적인 스토리들, 스토익과 에피큐리안 철학의 옷을 입고 복음으로 위장하여 아름다운 언어들의 향연으로 마치 복음인 것처럼 설교합니다. 그리고 그리스도와 그의 제자들이 증거 한 하나님 나라의 실천을 위해 감수해야 하는 불편한 이야기는 피해서 복음이라고 증거 하는 모습들을 우리는 볼 수 있습니다.

사도 바울은 사명의 본질에 대해 분명하고 확실하게 말합니다. 사명은 말이 만들어내는 말들의 언어유희가 아니라 그리스도의 십자가가 헛되지 않게 호소하는 노력이 복음의 증거라는 것입니다. 17b절의 말씀을 번역한 것을 살펴보면 이렇게 번역했습니다, "그리스도의 십자가가 비워져 버리지 않도록 하기 위해서"(NIV), "그리스도의 십자가인 그 능력이 비워지지 않게 되도록"(NRSV, so that the cross of Christ might not be emptied of its power.) 그리고 NASB는 "그리스도의 십자가는 헛되게 만드는 것이 아니기 때문에(so that the cross of Christ would not be made void.) 그리고 NJB는 "그리스도의 십자가를 무의미하게 하지 않기 위해서"로 번역하고 있습니다.

이 말의 의미는 다음과 같습니다. 그리스도의 십자가가 무슨 의미인지 잘 알지 못하고 말로만 되풀이하거나 설교해서는 안 된다는 것입니다. 말씀을 증거 하는 자들이 그리스도의 십자가도 잘 모르고 피상적인 이야기만 전달해서는 그리스도의 십자가는 비어있는 그릇과 같고 복음은 소리만 요란하게 나는 빈 깡통으로 전락한다는 의미입니다.

복음을 증언하는 자들은 그리스도의 십자가에 대한 깊은 이해와 전달하는 방법을 잘 개발하지 않으면, 내가 전하는 설교가 껍데기요 복음의 핵심이 없을 수 있다는 것입니다. 오히려 전달하려고 개발한 언어적 수사나 감정적인 표현이 그리스도의 십자가를 가리고 자기 자신을 드러낼 수 있다는 것입니다. 자신은 온갖 도구를 준비해서 비장하게 복음이라고 선포했는데 남은 것은 현란한 말 기술만 남아있고 주변부에만 관심을 기울이다 성도들이 돌아간다면 그리스도의 십자가는 아무 의미가 없는 장식물에 불과할 수 있습니다.

사도 바울은 이것을 경계했습니다. 그러므로 성도들도 깨어서 본질에 대한 탐구를 해야 합니다. 설교자들도 본질로 돌아서야 합니다. "하늘을 나는 새들도 먹이시는 주님을 믿는다면," 사명의 수행과 복음의 선포를 호구지책과 같이 삶을 유지하기 위한 방편으로 삼아서는 안 됩니다. 그리고 외적으로 드러나는 영광과 체면에 얽매이지 말고 맡겨진 사명의 본질과 핵심인 복음과 "그리스도의 십자가"로 돌아서야 합니다.

본문은 고린도전서 1:18~4:21절 속에서 구조적으로 자리 잡고 있습니다. 이 단락은 고린도 서신 전체에서 중요한 신학적 기반을 세우는 역할을 하고 있습니다. 또한, 이 단락은 뒤에 단락(5~15장)에서 다루어질 고린도 교회의 여러 문제들에 대한 해결 원리를 세우는 중요한 역할을 하고 있습니다.

뒤에 나오는 3개의 큰 단락(5:1~11:1, 11:2~14:40, 15:1~58)을 위해 고전 1:18~4:21절은 분열된 교회의 문제를 구체적으로 해결하기 위해 신학적인 이해를 돕는 중요한 기초 역할을 하고 있다고 생각합니다.

우리는 먼저 17절에서 "그리스도의 십자가"로 18절에서는 "십자가의 도"로 표현되는 십자가의 의미에 대해서 살펴보겠습니다.

그리스도가 십자가에서 죽은 것은 고귀한 죽음이 아니었습니다.

"십자가의 도가 멸망하는 자들에게는 미련한 것이요"(고전 1:18).

이렇게 표현한 것은 멸망하는 자들에게는 십자가의 도가 미련하게 여겨졌다는 뜻입니다. 십자가에서 죽은 예수의 죽음은 미련한 것으로 여겼다는 것이기도 합니다. 그 이유가 무엇일까요?

첫째, 그리스 로마 전통에서 죽음을 보는 관점에는 '고귀한 죽음' (noble death)이 있습니다. 예를 들어 소크라테스가 신을 모독했고 아테네의 젊은이들의 마음을 훔친 부정한 죄로 죽음을 맞습니다. 그는 독이 든 독배를 받아 마시고 죽지만, 그의 죽음은 순교자처럼 '고귀한 죽음'으로 여겨졌고 그의 영향력은 오랫동안 지속되었습니다. 특히 크세노포은 소크라테스의 죽음에 대해 고귀하고 위엄이 있고 영광스러운 죽음이라고 칭송했습니다. 더구나 신들에 의해 그의 죽음이 받아들여졌다고 하였습니다.

심지어 플라톤은 소크라테스를 위대한 순교자라고 했습니다. 그는 도망치거나 탈출할 기회나 친구들의 권유가 있었지만, 사는 것이 문제가 아니라 잘 사는 것이 중요하다고 했습니다. 그것은 영광스럽고 바르게 사는 것이라고 했습니다. 그는 죽음에 대한 태도에서 그의 기본적인 철학을 알 수 있었습니다. 그는 영혼의 불멸에 대한 믿음이 있었습니다. 이것이 그가 독이 든 독배를 받아들였음에도 죽음을 맞는 태도에 의연한 자기 절제를 보여주었고 지적인 똑똑함과 도덕적인 통합성을 사람들에게 보여주었습니다.

이런 전통에서 세네카나 페투스도 명예로운 죽음으로 자살을 택합니다. 로마의 "덕"에서는 자살을 자신을 희생시킴으로서 균형이나 절제를 이룬다고 보았기 때문에 죽음으로 명예를 얻는 사람들에게는 명예로운 죽음이 결코 인생을 허비하는 것이 아니었습니다.

둘째, 유대 전통에서 보면(마카베오서를 중심으로) 고귀한 죽음은 인간적인 면에서 그리스 로마 전통과 대단히 유사합니다. 순교자로서 용기 있게 죽음을 받아들이는 것입니다. 당시의 권력자에게 자신을 맡기지 않고 종교적이고 문화와 정치적인 양면에서 유대인의 정체성을 지키기 위해 순교를 한 것은 유대인에게는 영웅적인 모델이었습니다. 그것은 강력한 권력에 대한 궁극적인 승리였습니다.

그러나 예수의 죽음은 그리스 로마 전통에서 보면 전혀 고귀하지 않습니다. 왜냐하면, 죽는 방식이 자기를 나타내는 것이었고, 유대 전통에서도(신 21:31) 끔찍한 저주였습니다.

본문에서 말하는 대로 예수의 죽음이 고귀함으로 받아들이기 위해서는 인간적인 관점에서는 불가능하고 신적인 관점에서는 가능합니다. 그 이유는 예수가 신들을 위해서 죽었거나, 국가를 위해서 죽었거나, 어떤 다른 고상한 이유에 의해서 죽은 것이 아니기 때문에 고귀하지 않은 죽음이라는 것입니다.

특히 예수가 잡히기 전에 했던 말-고난의 잔을 옮겨달라-이나 십자가에서 했던 말-하나님 왜 나를 버리셨나이까?-을 소크라테스와 비교해 보면 예수의 죽음을 고귀한 죽음이라고 말할 수 없습니다.

이런 종교적 정치적 의미를 알고 있었던 바울은 13절에서 직접적으로 말합니다. 바울이 당신을 위하여 십자가에 달렸습니까? 당신을 위해 십자가에 달린 사람은 바울이 아니라 예수 그리스도라고 말합니다. 바울의 언어는 수사학적으로 보면 단순하고 분명했습니다.

당신을 위해 십자가에 달린 사람은 "예수 그리스도"입니다. 그의 죽음은 고귀한 죽음이 아니라 품위 없는 죽음(ignoble death)이었습니다.

그리스도의 십자가가 헛되지 않다는 그 십자가는 무엇인가?

십자가는 우리의 주변에서 쉽게 찾아볼 수 있는 것이 되었습니다. 교회당의 정면에, 사람들의 목걸이에, 집에서는 중요한 위치에 걸어놓거나 차에 매달고 다닙니다. 오늘날 십자가는 이처럼 우리의 삶과 너무 밀착된 채 지극히 자연스럽고 일상화되었습니다.

그런데 서기 200년경 로마의 법률가 율리우스 파울루스(Julius Paulus)는 십자가형이 로마 세계에서 가장 잔인한 형벌이었음을 증언하고 있습니다. 3세기에 그의 저작을 묶어 편찬한 『형법(Sententiae)』에 의하면 십자가형은 다른 어떤 형벌보다도 가장 잔인한 형벌로 다루어지고 있으며 십자가형에 해당하는 범죄자들의 목록을 다음과 같이 열거하고 있습니다.

"적에게 투항하는 자, 비밀 누설자, 살인자, 반역을 선동하는 자, 통치자의 번영에 불길한 예언을 하는 자(de asute dominorum), 야간에 음란한 행위를 하는 자(sacra impia nocturna), 마술을 행하는 자(ars magica), 절박한 상황에서 변절한 자" 등이 십자가형에 해당한다고 기록되어 있습니다.[19]

십자가형의 또 다른 특징은 '사형수를 차별하는 형벌이었다'는 것입니다.[20] 이것은 로마제국에 저항하는 사람들에게 수치심을 주어서 반항

---

19 Martin, Hengel, 십자가 처형, 김명수 역, (서울:대한 기독교서회, 1982), 52~54.
20 발터 카스퍼, 예수 그리스도, 박상래 역, (왜관:분도출판사, 1980), 197.

의지를 꺾고 자신들의 우월감을 보여주고자 한 의도가 있었습니다. 이 사실은 Via Appia에서 일어난 6,000명의 십자가에 달린 노예들과 각종 노예들의 봉기에서 처형된 수많은 노예들의 처형의 사례(역사)에서 잘 볼 수 있습니다.[21] 십자가는 "수치스러움"과 모욕감이라는 면에서 절대적인 상징성을 가지고 있습니다.

십자가의 단어 정의

라틴어에서 십자가를 지칭하는 단어인 '크룩스'(crux)나 영어에서 십자가를 지칭하는 단어인 '크로스'(cross)는 그리스 원문의 두 개의 '단어' '줄론'(xulon)과 '스타우로스'(stauros)에 대한 번역어입니다. 그런데 사람들의 인식에 십자가를 '두 개의 선이 교차하는 구조나 형태를 지닌 예수가 사형당한 '형틀' 즉, '십자가'를 의미한다는 전제를 가지고 있습니다.

이 단어는 다양한 언어들에서 나타납니다. 구약 성경과 신약 성경에서 그리고 그리스어와 라틴어 그리고 다양한 문학과 철학에서 사용되었습니다. 단어의 정의를 살펴보겠습니다.

첫째, "stauros"입니다. 땅에 박아 사형에 사용한 긴 막대기를 의미

---

21 Martin, Hengel, Crucifixion, (PA:Fortress, 1977) 55.

합니다. 말뚝을 땅에 똑바로 세워 놓은 것입니다.[22] 호머의 사전을 보면 '오디세이'(Odyssey)에서 'stauros'의 가장 초기의 용례가 나타나는데 그 작품에서 '말뚝'을 의미하기 위해 'stauros'를 사용했습니다.[23]

이처럼 고대 그리스어 작가들의 작품에서 "stauros"는 단순히 'stake'을 의미했습니다. 우리가 생각하는 두 개의 나무가 서로 연결되는 십자가로 직접 연결시키기는 어렵습니다. 그러나 이 단어는 인간의 육체를 막대기에 매다는 것이고 어떤 경우에는 막대기에 붙이기 위해 못을 사용했습니다. 가끔은 오늘날의 십자가를 의미하기도 했습니다.

둘째, "Crux"입니다. 이 단어는 헬라어 "stauros"를 라틴어로 번역한 것입니다. 사전의 정의로만 보면, 꿰어 뚫거나 매다는 형벌을 위해 나무로 만든 사형집행기구를 뜻합니다.[24] 사람을 매다는 '사형틀'의 특별한 형태를 지칭하기 위해서는 명사인 'crux'라는 단어에 어떤 단어가 첨가되어 복합어로 쓰이는 경우가 있습니다. 그래서 찾아보면, 'crux Simplex'는 간단한 사형틀 'stake'를 의미합니다.

그래서 모양에 따라 십자가는 명칭이 달라집니다. Saint Andrew's Cross, 라틴어 'crux decussata'는 X형 십자가인데 안드레가 이런 모양의 십자가에서 죽은 것에서 비롯됩니다. '크룩스 쿠아드라타'(crux

22 Danker F. William, A Greek-English Lexicon of the New testament and Other Early Christian Literature, (University of Chicago Press, 2021), 836.

23 Georg autenrieth, A Homeric Dictionary schools and Colleges, (New York: harper Brothers, 1891), 289.

24 Charlton T. Lewis and Charles Short, A Latin Dictionary, (Oxford: Clarendon Press, 1958), 485.

quadrata)는 그리스 십자가라고도 하며, 네 팔의 길이가 똑같습니다. '크룩스 이미사'(crux immissa)는 라틴 십자가라고도 하며, 수직으로 내려온 나무의 길이가 나머지 세 곳(좌우와 위쪽 부분) 보다 깁니다. '크룩스 코미사'(crux commissa)는 그리스 문자 '타우' 모양이며 성 안토니우스의 십자가라고도 합니다.

셋째, "Crucifixion'입니다. 이 단어의 뜻은 '십자가에 못 박히다.' 입니다. 십자가형은 로마제국에서 흔히 볼 수 있는 사람을 죽이는 방법으로, 십자가에 묶이거나 못을 박아 죽도록 내버려 두었습니다.

Collins English Dictionary에서 Crucifixion의 정의는 '십자가에 못 박는 행동(The act of crucifying), 십자가에서 예수가 죽임을 당하는 것(the death of Jesus upon the Cross.), 이것은 예수 그리스도가 십자가에 못 박히는 것이다(that of Jesus Christ on Calvary)'라고 정의하였습니다.

그러므로 영어로 말하는 곳에서는 "Crucifixion"은 희생자를 십자가에 붙임으로써(달아서) 수행되는 사형이라고 말할 수 있습니다. 좀 더 자세히 말하면, 어디에 달리는 것이고, 의도적인 집행이며, 크로스빔(crossbeam) 없이 또는 크로스빔(수직 막대기의 끝에 수평으로 이은 막대기)이 있는 사형을 집행하는 기구로써의 막대기이며 그리고 마지막으로는 죽음을 연장시키는 결과를 가져오게 합니다.

어디에 쓰는 기구인가?

십자가 처형 방법은 페니키아에서 시작되어 페르시아인들도 십자가형을 사용했습니다. 페르시아 사람들은 이런 형태의 처형 방법을 사용을 했습니다. 이것은 처형된 사람의 몸이 땅을 더럽히지 않도록 하기위해서 그랬을 것으로 보입니다.[25] 그 후에는 알렉산더 대왕(Alexander the Great)이 도입을 했고 로마인들도 카르타고 사람들에게 이 방법을 배워 사형 방법으로 사용했습니다. 십자가형은 기원전 3세기부터 기원후 4세기 콘스탄틴 시대까지 로마 제국 내에서 집행되었습니다.[26]

십자가형의 주요 희생자는 노예였습니다. 도적, 암살자, 하층민, 외국인 그리고 반란을 일으킨 속주민에게만 십자가형을 실시하였습니다. 로마 시민이나 해방된 여성이나 남성, 그리고 군인과 시민들은 형벌을 받지 않았습니다.[27]

십자가형이 집행되기 전에는 다양한 형태의 고문이 가해졌습니다(불로 지지거나, 불판에 올라서게 하는 것 고문, 채찍질) 그리고 집행 장소까지 체인을 걸고 걸어가거나 자신이 달릴 가로형의 막대기(patibulum)를 지고 가게 했는데 이 막대기가 자신의 양손을 옆으로 자

---

25 Geoffrey W. Bromiley, Theological Dictionary of the New Testament, Wm Eerdmans, (1985), 16.

26 John Granger Cook, Crucifixion in the Mediterranean World, (Tubingen: Mohr Siebeck, 2014), 161.

27 John Granger Cook, 160.

연스럽게 벌리게 할 것입니다. "crux"인 세로로 된 막대는 이미 집행 장소에 있었습니다.

십자가에 달려서 들어 올릴 때 사형자가 막대기에 붙어있지 않으면 달릴 수가 없기 때문에 그를 막대기에 붙이기 위해 손과 발을 겹쳐서 못을 박기도 하였습니다. 어떨 때는 끈(rope)으로 묶기도 했습니다.

사람들은 십자가에 달리는 것을 어떻게 생각하는가?

로마 시민권을 가진 시민들은 역사적으로 로마 제국의 통치 기간에 는 십자가형을 받은 사람은 거의 없었습니다. 그래서 이런 형벌에 대 한 두려움이 없었습니다. 그것은 자신들과는 전혀 다른 계층의 사람들 에게 해당되는 것이었습니다. 로마 문학에서도 십자가형이 집행이 되 었는데 바바리안들(야만인, 로마의 도시 외곽에 거주하는 자들 주로 거지, 장애인 병자. 외국인들)에게 해당되는 형벌이었습니다.

특히 십자가형을 받는 것은 매우 큰 수치심을 동반하였습니다. 옷을 벗기고, 때리고, 조롱하고 모든 사람들이 보는 곳에서 달렸고 천천히 죽어갔습니다. 그의 시신은 새들의 먹이가 되도록 그대로 두었는데 마 지막까지 모욕과 수치감을 주고 시민들에게 본보기를 보여주기 위한 정치적인 목적도 있었습니다. 자신이 달릴 십자가를 직접 운반하는 것 은 가끔 굴욕을 주기 위해 사용되었습니다.

유대인들에게 있어서 나무에 달리는 것은 신명기 21:22~23절에서 "사람이 만일 죽을 죄를 범하므로 네가 그를 죽여 나무 위에 달거든 그 시체를 나무 위에 밤새도록 두지 말고 그 날에 장사하여 네 하나님 여호와께서 네게 기업으로 주시는 땅을 더럽히지 말라. 나무에 달린 자는 하나님께 저주를 받았음이니라."라고 말씀하는 바처럼 죽을 죄를 범한 자에게 해당하는 형벌이었습니다. 특히 나무에 달리는 것은 그를 죽인 후에 나무에 겁니다. 그 의미는 하나님께 저주받았다는 것을 사람들에게 보여주기 위함이었습니다. 나무에 달린 이유를 설명해 주지 않아도 당연히 이 사람은 하나님께 저주받았기 때문에 나무에 달리게 된 것으로 이해했습니다.

예수가 십자가에 달려서 죽었다는 것은 비천하고 불명예스러운 죽음이었고 신(하나님)께 저주받은 수치스러운 아주 비열한 죽음이었습니다.

지금까지 십자가에 대해서 살펴보았습니다. 십자가에 달려 저주받아 죽은 "그리스도의 십자가"와 저주의 상징이며 누구도 받아들이기 힘든 비열한 죽음을 나타내는 십자가를 "십자가의 도"라고 말하면서 이것을 헛되지 않게 할 것이라고 바울은 강하게 주장합니다.

왜 그렇게 바울이 말할까요? 우리는 깊이 생각해 보아야 합니다. 몇 가지 논문과 책들을 살펴본 바에 따르면 십자가에 대해 긍정적으로 표현한 것은 하나도 없었습니다. 최근에 새로 번역되어 출판한 마틴 헹엘의 책인 "십자가 처형"을 읽으면 전에 느끼지 못했던 몸과 마음에 전율이 일어남을 느꼈습니다.

십자가에 대한 당시의 유대인과 헬라인 그리고 로마인은 물론이고, 심지어는 복음을 받아들인 초기 그리스도인들과 그리스도를 만나기 이전의 바울에게조차 친숙하기는커녕 견딜 수 없이 거리끼는 것이었습니다.

위에서 언급한 십자가가 갖는 모욕과 수치에 대해 모두 부정적인 단어와 묘사로 가득 차 있습니다. 수치, 모욕, 재앙, 처참함, 혐오와 같은 수식어들입니다. '최고의 형벌'로써 십자가는 인간이 상상할 수 있는 가장 비인간적인 것으로 묘사됩니다. 십자가는 단지 나무 기둥에 못 박힘을 당하는 것뿐만 아니라 형 집행 전후의 온갖 야만적인 고문과 모욕들로 점철된 형벌이었습니다.[28]

십자가에 처형된 희생자들은 명예를 훼손당하는 수치심을 겪었습니다. 그들은 잔혹한 고문을 받았으며 처형된 자들은 죽은 이후에도 매장이 불허되고 야생의 짐승들과 새들의 먹잇감이 되었습니다.[29] 누구도 가까이하기 힘든 것이 십자가입니다. 당연히 멀리해야 하는 것이었습니다. 거리끼는 감정 그냥 기분이 나빠서 피하고 싶은 것이 당시 사람들이 가졌던 십자가에 대한 생각이었습니다.

십자가 처형은 그 잔혹성을 공개적으로 보여주어서 제국의 질서에 도전하는 자들에게는 공포를 주어 저항하지 못하도록 하고 시민들에

---

28 Martin Hengel, Crucifixion, (PA:Fortress, 1977), 26~29.

29 Martin hengel, 87~88.

게는 현 체제에 대한 안정감을 줌으로써 십자가형은 제국에 의해 사용되었습니다. 십자가형의 대상은 거의 모두 하층민들인 남, 여 노예들, 장애인들, 거지, 외국인들이었습니다. 로마의 평화는 이들을 제거함으로 이루어졌다고 해도 과장은 아닐 것입니다.

바울은 누구나 싫어하고 불편해하는 십자가를 "헛되지 않게 하려고" 복음을 전하는데 말의 지혜로 하지 않는다고 합니다. 그가 전하는 그리스도의 십자가는 미련한 것이고 지혜롭지 못한 것이었습니다.

그런데 십자가에 달린 분을 그는 "그리스도"라고 당당하게 소개하고 선포합니다. 설득하지 않습니다. 믿어 달라 거나 들어 달라고 부탁하지 않습니다. 그는 appeal 합니다. 호소합니다. 마음에 끌리도록 힘이 있게 당당하게 요청하고 있습니다.

십자가, 그리스도의 십자가는 하나님과 그리스도에 의해(2절) 부르심을 입은 자들(24절)과 사명을 받아 교회를 이룬 공동체에게는 능력(18절)이요 지혜(24절)이기 때문입니다.

바울은 예수를 그리스도로 믿는 자들을 잡으려고 가던 다메섹에서 그리스도를 만났습니다. 바울은 십자가의 그리스도를 포함한 부활하신 그리스도를 만났습니다. 바르게 이해하지 못했던 예수 그리스도를 성령을 통해 계시된 그리스도를 만났고 그 안에서 나타난 하나님의 구원 행위를 온전하게 이해했습니다.

따라서 십자가에 대한 이해도 새롭게 해석되어 받아들였습니다. 예수는 다윗의 후손인 메시아이신 예수가 하나님의 아들이며 지혜의 대리자로 성육신하신 분으로 받아들였습니다. "십자가에 못 박히신 예수가 부활하여 높임 받은 주"인 것을 체험으로 직접 만남의 결과로 깨닫게 되었습니다. '예수 그리스도의 계시'로 깨달은 것이었습니다.

나가는 말

흑인 신학자 중에 제임스 콘이 쓴 『The Cross and Lynching Tree[30]』라는 책이 있습니다. 제임스 콘은 이 책에서 백인들이 집단적으로 흑인을 살해할 때 매다는 나무 (lynching tree)와 예수님이 매달려 돌아가신 십자가를 나란히 놓고 비교 분석을 합니다. 흑인들의 비극적인 역사와 운명을 그리스도의 고난과 승리로 연결합니다.

그는 이 책에서 하나님께서 어떻게 고난받는 흑인들과 함께 하시며, 그들에게 부조리와 불의에 맞서 싸울 수 있는 힘과 소망을 주는지를 설명하고 있습니다. 더불어 그는 흑인들이 이러한 십자가를 붙들고 어떻게 참혹한 역사를 뚫고 살아갔는지를 추적합니다. 그는 또한 미국의 주류인 백인 기독교의 위선과 허위의식을 신랄하게 비판하고, 이를 토대로 참된 신앙이 무엇인지를 강력하게 외치고 있습니다.

예수는 십자가에서 수치와 모욕을 당하고 폭력적으로 죽임을 당했습니다. 권력과 지배층이 갖고 있는 온갖 종류의 폭력이 세상에 폭로

---

30 James h.Cone, "The Cross and Lynching Tree", (New York:Orbis Books, 2011).

되었다는 사실입니다. 예수는 하나님이시지만 철저하게 폭력을 행사하지 않으셨습니다. 십자가는 어리석고 수치스러운 도구이지만 예수가 친히 십자가에 달리심으로 개인적인 욕망과 질투, 시기심과 사람들의 폭력성과 배제(exclusion)와 따돌림을 폭로했습니다. 잘못된 권력과 구조적으로 사람을 통제하고 억압하는 정치 권력과 맘몬주의의 타락을 그대로 드러냈습니다.

바울은 갈라디아서 6:14절에서 "그러나 내게는 우리 주 예수 그리스도의 십자가 외에 결코 자랑할 것이 없으니 그리스도로 말미암아 세상이 나를 대하여 십자가에 못 박히고 내가 또한 세상을 대하여 그러하니라."라고 말합니다. 그리고 고린도전서 2:2절에서 "그러나 내게는 우리 주 예수 그리스도의 십자가 외에 결코 자랑할 것이 없으니 그리스도로 말미암아 세상이 나를 대하여 십자가에 못 박히고 내가 또한 세상을 대하여 그러 하니라."라고 말합니다.

그러므로 바울의 삶(일상, 관계, 공동체, 하나님 나라와 사회)과 믿음에는 오직 그리스도의 십자가가 있습니다.

성도 여러분! "그리스도의 십자가"는 우리 믿음의 시작이며 과정이고 결론입니다. "십자가의 그리스도"는 우리 삶의 중심이며 공동체의 기초이며 지양해야 할(aufhebung) 목적이자 핵심입니다. 그 십자가가 진정으로 우리 안에 본질과 중심으로 형성되어 있는가 진지하게 고민하고 질문해야 합니다. 십자가를 붙들고 고민하고 질문하며 기도하면서 사시기를 바랍니다. 아멘.

05

그리스도의 십자가(2)

고린도전서 1:18-25

들어가는 말

여기서는 "그리스도의 십자가(2)"라는 제목으로 말씀을 살펴보겠습니다. 앞에서 우리는 십자가 단어의 뜻, 의미, 사용된 용례, 그리고 그리스 로마 제국 시대의 사람들 특히 헬라 문명과 유대 전승에 익숙한 사람들에게는 소크라테스나 마카베오의 죽음이 고귀한 죽음으로 여겨졌다면, 예수 그리스도의 죽음은 수치스러움의 정점을 나타내는 ignoble death(비천한 죽음, 수치스러운 죽음)이었음을 알았습니다.

그러나 이제 우리는 예수 그리스의 십자가의 죽음이 헛되지 않다는 이유를 본문을 통해 구체적으로 살펴보려고 합니다. 바울은 사실 논증을 넘어 원대한 하나님의 구원 계획에 대해 말씀하고 있습니다.

바울은 고린도전서 1:13절에서 3개의 수사학적 질문을 던집니다. 세 개의 동사를 사용하는데, '그리스도가 나뉘었느냐? 여러분을 위해 바울이 십자가에 달렸느냐? 여러분은 바울의 이름으로 세례를 받았느냐?'입니다. 바울이 원하는 대답은 다음과 같습니다. 나뉜 것은 그리스도가 아니라 고린도 교회이며, 십자가에 달리신 분은 바울이 아니라 그리스도이고, 고린도 교인은 바울의 이름으로 세례를 받는 것이 아니라 예수 그리스도의 이름으로 세례를 받았다는 것입니다.

그런데 이번 본문과 관련해서 생각해 보면 우리 신앙의 기초는 사실 "세례"에 있습니다. 그래서 초대교회는 세례의 의미를 완전히 이해하고 고백하고 세례를 받을 때 이미 고백한 그대로 살고 있는지 2~3년 동안 가르치고 지켜보면서 확신이 서면 성도로 받아들였습니다.

세례를 통해서 성도들은 '하나가 되며', 예수 그리스도 안에 존재하게 됩니다(갈 3:26). 세례는 그리스도와 연합되며 하나 됨을 의미합니다. 세례를 받음으로 그리스도인들은 '그리스도와 함께' 존재하며, '그리스도 안에' 존재합니다. 왜냐하면, 그리스도는 그들(우리들)을 위해 십자가에 달리셨기 때문입니다(고전 1:13).

로마서 6:3~8에서는 세례와 십자가 사건과의 관계를 보여줍니다. 그리스도인들이 세례를 받는 것은 그리스도 예수와 합해진 것이며 그리스도의 십자가에서의 못 박힘의 의미가 죄의 몸이 죽어 다시는 죄에게 종노릇하지 않는다는 것을 의미하고 있습니다.

그래서 17절에서 바울이 말하는 의도는 세례를 부정하거나 뜻을 가볍게 여기는 것이 아니라 "세례"의 본질이 무엇이고 삶에서 어떻게 세례의 의미를 실천하며 살 것인지를 헤아려 보라는 것입니다.

고린도 교회 성도들은 세례, 십자가 사건, 연합에 대한 뜻을 알고 있습니다. 그런데 고린도 도시는 이미 로마 제국이라는 정치 하에서 헬라 문명에 깊은 영향을 받은 도시였습니다. 도시에는 이미 형성된 어떤 문화적, 종교적, 또는 철학적인 시대정신들이 있었습니다.

바울이 교회 분열의 문제를 4명의 지도자들을 중심으로 일어난 성도들 간의 지도권 다툼으로 말하고 있지만, 자세히 근원을 살펴보면, 단순히 4명의 지도자들의 이름이 중심이 된 4개의 분파라기보다는, 바울과 아볼로를 따르는 2개의 분파라고 볼 수 있는 이유도 있습니다.

왜냐하면, 본문과 2:16까지 바울은 "지혜"에 대한 단어를 많이 사용하고 있기 때문입니다. 지혜는 알렉산드리아 출신의 아볼로를 가리키는 특징입니다. 3장에서는 다른 지도자를 언급하지 않고 구체적으로 아볼로와 바울만을 들어서 문제를 드러내고 있고 이 문제를 본격적으로 다루는 고린도전서 3장 4~6절에서 오직 바울과 아볼로 만을 예로 든다는 사실에서 추측해 볼 수 있습니다.[31]

특히 17절에서 바울이 부르심을 받은 목적이 복음을 전하는 것인데 "말의 지혜"로 하지 않고 "그리스도의 십자가," 또는 18절에서 "십자가의 도(말씀)"를 같이 사용하고 있고 "지혜의 말"에서 "말"과 "십자가의 도"에서 "도"가 같은 "logos"를 사용하고 있습니다. 그렇다면 "지혜의

---

31 김판임, 바울과 고린도교회, (서울 동연, 2014), 35~36.

말씀"을 따르는 자들과 "십자가의 말씀을 따르는 두 종류의 분파가 교회 내에 존재하고 있다고 볼 수 있습니다.

바울이 언급하고 있는 같은 단어인 그러나 수식어는 다른 "지혜의 말씀"과 "십자가의 말씀"이 무엇인지 살펴보겠습니다.

지혜의 말씀과 십자가의 말씀에 대한 의미 1:18

고대철학의 특징은 이론 탐구가 아니라 실천적이며 실용적인 면에 있었습니다. 삶의 구체적인 문제를 해결하기 위한 일종의 처세술 혹은 자기 보호의 생활 양식이 고대철학의 특징이었습니다. 헬레니즘 시대의 철학은 적합한 처세 행복의 성취, 탐욕의 치료로서의 철학으로 특징지을 수 있습니다.

고대철학이 추구하는 지혜는 어떤 형태의 삶을 추구할 것인가, 또는 어떤 생활 양식을 추구할 것인가라는 문제뿐 아니라 타인과 더불어 살며 처신해야 할 어떤 삶의 방식을 의미하기도 했습니다. 고대인들에게 지혜는 다양한 영역에서도 필요한 생활의 노하우였습니다.[32]

지혜는 "일반적으로, 앎의 한 형태, 그리고 이 형태에 결합(연관) 되어 있는 삶의 태도입니다. 지혜는 개별적, 우연적인 존재자에 관한 앎이 아니라, 지혜는 삶의 실천과 관련되어 있습니다. 지혜는 보편적, 포

---

32 피에르 아도, 고대철학이란 무엇인가, 이세진 옮김, (서울:열린책들, 2021), 45~51.

괄적(그리고 궁극적)인 행동목표에 관한 통찰 내지는 인생의 목표에 관한 통찰을 뜻한다고 생각합니다.

그러므로 헬레니즘 시대에서의 지혜는 선을 분별하고 선한 삶(훌륭한 삶)을 살기 위해 필요한 지식의 유형으로 생각되었습니다. 에피큐로스는 사람들의 눈으로 볼 때, 인간으로서 할 수 있었던 가장 위대한 일을 한 사람으로서, 즉 지혜와 지식으로 사람들을 지배하고 있었던 악령의 공포를 해방시킨 사람으로서 "소테르"(구원자)라고 일컬어졌습니다. 그리고 스토아학파에서는 욕망이나 고통 즐거움과 같은 삶의 격정에서 내적으로 풀려나는 것, 그리고 지혜의 상태에서 초월하는 것을 의미하고 있습니다.[33]

특히 스토아 철학자들은 에피큐로스와 대립하여 쾌락을 추구하는 것이 삶의 의미라는 것을 거부하고 온전한 윤리적인 삶을 사는 것이 지혜로운 삶임을 주장했습니다. 스토아 철학자들은 신적인 로고스가 세상을 지배한다고 믿었고 신적 이성인 로고스가 사람들을 평온한 마음과 질서 있는 삶을 살도록 이끄는 역할을 한다고 생각했습니다.

스토아 철학자들은 세상의 무질서와 고통 가운데 사는 사람들에게 내적인 평안과 만족을 통해서 참 행복을 누리도록 가르쳤습니다. 그런 삶이 일상에서의 지혜로운 삶이라고 여기고 살았습니다. 대표적인 스토아 철학자인 아우렐리우스 황제는 이런 말을 했습니다. "오이가 쓰

---

33 잉게베르트 C. 헤넬.폴 틸리히 그리스도교 사상사, 송기득 옮김, (서울:한국 신학 연구소, 2001), 29.

다고? 그럼 버려라. 길에 가시덤불이 있다고? 그럼 피해 가라! 그게 전부다. 세상에 왜 그런 사물이 있는지 묻지 마라.[34]"

우리가 알고 있는 에피큐로스는 쾌락을 추구하는 철학이라고 알고 있지만 실제로는 고통을 피하는 철학입니다. 그들의 목표는 일종의 심리치료인데 삶의 태도를 바꾸기 위해 잠언집에 빠지지 않고 등장하는 스승의 가르침을 가슴에 새깁니다. 작고 일상적인 일에 주위를 기울이고 기쁨을 얻는 훈련을 해서 삶을 행복하게 만드는 지혜로운 자들의 경험에 동참할 수 있게 합니다. 사람들과 만나서 이야기하는 것은 삶에 적용 가능한 지혜로운 통찰을 얻을 수 있기 때문에 모여서 파티도 하고 즐거운 일들을 나누고 함께 합니다.

에피큐로스를 따르는 지혜로운 자들은 사회가 아닌 자기 자신과 관련된 일부터 하므로 자기중심적이고 자기의 일상생활부터 바꾸라고 합니다. 오랫동안 꾸준히 교양을 쌓기보다는 내가 깨달은 것을 지혜롭게 끈기 있게 배우는 것을 지혜라고 합니다.

왜 제가 이렇게 장황하고 지루하게 고대철학에서 주장하는 대표적인 두 철학가들의 지혜를 말씀하시는지 아십니까?

고린도 교회의 분열 문제가 세례와 그리스도의 십자가를 제대로 이

---

34 리하르트 다미트 프레히트, 세상을 알라, 박종대 옮김, (파주:열린책들, 2018), 422.

해하지 못한 성도들이 고린도 도시의 지식층이 가지고 있는 지혜의 추구와 지식이 교회를 어지럽히는 단초가 되었습니다. 여기에는 알렉산드리아에서 지혜 추구가 최고의 가치로 여겨지는 것을 공부한 아볼로를 중심으로 고린도 교회 내의 지혜를 주장하는 자들이 있었습니다.

마찬가지로, 십자가의 말씀, 그리스도의 십자가를 지혜의 로고스 정도로 여기는 복음 전도자들과 그것이 마치 복음이라고 굳게 믿고 생활하는 오늘날 교회들의 행태가 그때와 별반 다르지 않다는 것입니다. 자기중심적인 즐거움, 마음에 맞는 사람들끼리의 친교와 파티, 마치 교양 있는 것처럼 이성적인 모습을 가지고 있지만 딱 거기까지인 사람들 그리고 그들에게 맞는 지혜의 교양을 전하는 복음 전도자와 교회가 있습니다.

그들이 내놓은 모습은 그럴듯하게 멋있고 나도 따라 하고 싶은 마음이 들지만, 숨겨놓은 더 큰 부분은 인간의 오만과 자랑, 이기심과 성공으로 가득 차 있습니다. 한마디로 '십자가의 그리스도' 조차도 교양 쌓는 일의 도구로 쓰이고 비전과 성공의 캐릭터로 전락했다는 사실입니다.

바울이 18a절에서 말하는 "십자가의 도"는 무엇입니까? 고린도 시에서 최고로 여기는 지혜에 대한 사랑과 그리스 로마의 철학과 최고인 지식(영지, gnosis)를 미련한 것이고 그것을 쫓는 자들을 멸망 당하는 자들이라고 말하는 "그리스도의 로고스"가 무엇입니까?

18b절에서 바울은 "십자가의 도"(그리스도의 로고스)는 **우리에게 구**

원을 주시는 하나님의 능력이라고 말하고 있습니다. 사람들에게는 천한 것으로 여겨지고 거기서 죽은 자는 가치조차 매길 수 없는 존재이지만, 그를 "십자가의 로고스"라고 말하는 것은 인간이 가치를 매기는 것과는 전혀 다른 가치가 있다는 것입니다.

그리스도가 로고스라고 말하는 것은 스토아에서 말하는 이성이 절대가치가 아니라, 우주를 창조하는 창조자로서의 인격적인 분이 절대가치라는 뜻입니다. 그런데 30대 초반의 한 갈릴리 출신의 유대인 남자가 십자가에서 처형당한 것이 인류 구원의 유일한 길이라는 사실을 받아들이기는 힘든 일입니다. 더구나 십자가 처형은 구원과 거리가 멀어도 한참이나 멀어 보입니다.

그런데 사도 바울은 그런 분이 십자가에서 죽었다는 것은 죽음의 승리가 아니라 죽음을 이기신 사랑의 승리를 말하고 있습니다. 예수 그리스도가 십자가의 죽음을 통해서 우리에게 보여주신 것은 가치 없는 죽음-비천한 죽음은 이런 것이다-을 예로 들어서 반복해서 말하려는 것이 아니라 그분 안에 있는 하나님의 사랑을 보여주신 것입니다. 이 십자가의 말씀이 그리스도인의 삶의 모든 것의 기준이 되며 중심이 되는 지혜로운 사건이라고 말하고 있습니다.

이 사건을 지금 복음으로 받아들이느냐, 아니냐의 지혜가 멸망과 구원을 결정짓습니다. 그리고 구원은 점차적으로 인간의 삶 속에서 완성을 향해 가는 과정 중에 있습니다. 구원의 활동이 현재의 순간에도 진행 중입니다. 그 이유는 바울이 계속해서 그리스도 안에 있는 구원이

'아직 완성되지 않은' 것에 대해 강조하기 때문입니다.

교회 안에 분쟁을 일으키는 주된 사람들은 지혜를 주장하던 교인들이었는데, 이들은 구원이 '이미 완성된 것'으로 보았고 온전한 진리를 소유했다고 여겼습니다. 이때 바울은 종말론적 평가가 이미 닫혀진 것이 아니라, 아직 온전히 이루어지지 않았음을 강조하는 것입니다.[35] 즉 십자가의 복음에 대한 인간의 반응에 따라 하나님의 진노와 구원은 이미 시작되었다는 것입니다.

당연히 '멸망하고 있는 자들'에게는 십자가의 말씀이 '어리석은 것'으로 간주되고 있습니다. '구원받고 있는 자들'에게는 십자가의 말씀을 하나님의 지혜로 말하지 않고 '하나님의 능력'이라고 언급하고 있습니다. 바울은 '어리석은 것'과 '하나님의 능력'을 대조해서 나타내고 있습니다.

18절의 "우리에게는"은 '구원을 받는 사람들'입니다. '우리는' 21절에서는 '믿는 자들'로, 23절에서는 '십자가에 못 박힌 그리스도를 전하는 자들'로, 24절에서는 '부름받은 자들'로, 30절에서는 '하나님으로부터 나서 예수 그리스도 안에 있는 자들'입니다. 십자가의 말씀을 받은 사람이 그리스도인으로 부름을 받게 되는 겁니다.

바울이 의도적으로 대조하고 있는 것은, '십자가의 말씀(로고스)'을 단지 지혜의 차원에서뿐만 아니라, 지식이 높은 차원, 또는 삶의 체계로서 지혜의 완성과 같은 차원을 넘어서 있는 하나님이 행하신 구원의

---

35 리차드 헤이스, 고린도전서 주석, 유승원 역, (서울:한국장로교출판사, 2006), 71.

능력으로 나타내려고 하는 의도가 있기 때문입니다. "십자가의 로고스이신 그리스도"는 하나님이 행하신 구원의 능력이라고 바울은 보았습니다.

'구원받고 있는 자들'의 편에서 복음은 단지 그들의 눈을 뜨게 하는 지혜 체계에 불과한 것이 아니라, 멸망으로부터 구원해 주시는 하나님의 능력입니다. 지혜자들과 철학자들이 자랑하고 내세우는 모든 가치에 대한 **"전복"(overturn, subversive)입니다.** 즉 인간이 만든 기준 평가를 뒤집는 가치 평가입니다.

수치스러움의 절정인 "십자가의 도, 그리스도의 십자가"는 하나님의 능력입니다 1:20-21

바울은 분명히 고린도 교인들을 성도라고 부르고 있습니다. 그 근거로 2절에서 "우리의 주 되신 예수 그리스도의 이름을 부르는 모든 자들."이라고 하기 때문입니다. 그런데도 그들은 예수가 그리스도이고 그를 우리 주라고 고백하는 것에 대한 이해가 철저하지 못했습니다. 약 2~3년 동안 철저하게 검증을 해서 성도가 되었음에도 그들은 십자가의 그리스도, 복음에 대한 총체적인 이해를 하지 못했습니다.

19절에서, "십자가의 그리스도"가 구원을 받는 우리에게는 하나님의 능력이며 그 능력이 이 세상의 지혜자들의 지혜를 멸하고 총명한 자들의 총명을 폐하고 이 세상의 지혜를 미련하게 하신다고 했습니다.

바울은 18절을 입증하기 위해 19절에서 이사야 29:14절을 근거로 들고 있습니다.

> "그러므로 내가 이 백성 중에 기이한 일 곧 기이하고 가장 기이한 일을 다시 행하리니 그들 중에서 지혜자의 지혜가 없어지고 명철자의 총명이 가려지리라."

이 상황은, 유대의 정치, 종교 지도자들이 선지자의 말씀을 듣고 하나님을 의지하기보다는 자기 자신의 지혜를 의지하면서 애굽과 군사 동맹을 맺음으로써 나라를 보호하려는 '현실적인' 계획을 묘사하는 구절입니다.

이사야서의 구절을 인용하면서 바울은 인간이 소유한 지혜의 한계를 간파하여 그들이 소유한 지혜를 아무리 자랑하여도 하나님이 작정하신 세상의 구원 계획을 알아차리지도 못하고 하나님을 온전히 알지도 못하게 되는 그들이 자랑하는 지혜의 무능력을 질타하고 있는 것입니다.

소피스트나 지식을 추구하는 자들이나 교회 안의 지혜자들이 주장하고 최고의 경지에 도달한 지식과 지혜와 비교해 볼 때 하나님의 선택하신 것이-"그리스도의 십자가"와 "도"-이성이 가진 최고의 경지에 도달한 지혜자들에게는 미련한 것이지만, 성경에서 진술하는 역사적

정황에서 보면 하나님의 미련한 것이 기이한 일이 됩니다.

그러면 왜 지혜로운 자들이 하나님의 능력인 이것을 알지 못하느냐? 앞으로 말씀드리겠지만 인간의 자랑 앞에 하나님의 지혜(진리)는 가려지게 되어 있습니다(29절, "하나님 앞에서 자랑하지 못하게 하려 하심이라").

고린도 교인들이 가지고 있는 인간 중심의 지혜는 더 이상 교회 안에서는 유용하지 않으며, 그리고 그들이 가지고 있는 지혜와 총명은 하나님의 구원 섭리를 온전히 알지 못하고 하나님의 지혜를 능가하지 못합니다.

바울은 20절에서 이사야 19:12; 33:8절에서 사용한 방식으로 수사학적 의문을 제기합니다. 특히 20절에서 "어디"(ποῦ, pou, where)로 시작되는 세 개의 수사적인 대화체 질문들을 합니다. 20a절, "지혜 있는 자가 어디 있느냐? 선비가 어디 있느냐? 이 세대에 변론가가 어디 있느냐?"

당연히 '아무도 없다'라는 대답을 이끌어 내는 질문입니다. 여기서 '아무도 없다'는 것은 '이제는 더 이상 세상에는 지혜 있는 자가 없다'는 것이 아니라, 세상의 인간적 지혜로는 십자가의 그리스도를 통해 드러난 하나님의 지혜를 이해할 수 있는 자나 서기관들이나, 변론가들이 없다는 것입니다.[36]

---

36 Gordon D. Fee,, The First Epistle to the Corinthians, (Mi:Wm.B.Eerdmans, 2014), 73~74.

여기서 바울의 경험이 중요하게 작용을 합니다. 이전의 바울은 주의 제자들에 대해 살기가 등등한 사람이었습니다(행 9:1). 그는 하나님의 강한 이끄심으로 주님을 만나자 3일간 눈은 뜨고 있었지만 볼 수는 없었습니다. 주께서 아나니아에게 주신 말씀이 있습니다. 사울에게 "내 이름을 전하기 위해 택함 받은 나의 그릇이라"(행 9:15)고 하시고 사울에게 가라고 하십니다. 아나니아는 사울에게 안수하며 "예수께서 나를 보내어 너로 다시 보게 하시고 성령으로 충만하게 하신다."(행 9:17)라고 말합니다.

사울은 이 말을 듣고 "다시 보게 되었습니다." 바울이 다시 보았다는 것은 단지 육신의 눈이 떠진 것뿐만 아니라 그동안 자기가 배운 모든 학문에 대한 재해석이 되었다는 것입니다. 이성과 감정, 그리고 의지까지 모두 바울이라는 한 개인의 인격과 특성이 재창조되었다는 의미입니다.

이 경험을 바탕으로 20절에서 '이 세상의 지혜'를 소유한 대표적인 사람들을 언급하면서 수사학적인 질문을 합니다. "지혜있는 자"는 헬라 지혜의 대표로서 헬라 철학자를 말하고, "서기관"은 유대적 지혜의 대표자인 서기관, 율법에 능통한 유대인을 말합니다. "변론가"는 일반적으로 토론을 즐기는 철학적 소양이 있는 자입니다.

이 세 종류의 사람들은 고린도 도시 또는 교회의 구성원들의 대표적인 지혜자들로 말하지만 제가 생각하기에는 바울 자신의 이야기이기도 합니다. 바울의 교육 배경에서 보면 위의 3가지를 교육받았고 선교

여행 중에 헬라 철학가들과 변론을 한 것을 보면(행 17장)[37] 자신의 경험에 기반하여 고린도 교우들에게 호소하고 있다고 봅니다. 십자가의 도를 알기 전의 사울, 그리스도의 십자가를 체험하기 이전의 사울은 분명히 자신을 길러 준 종교와 철학의 배경에서 보면, 십자가의 도는 미련하고 수치스러운 것이었습니다.

그러나 바울은 주님과의 만남과 성령으로 말미암아 전 인격이 치유되고 변화되었습니다. 바울이 경험하고 교육받았던 어떤 인간의 지혜나 종교 그리고 철학은 모두 "십자가의 도"와 "그리스도의 십자가"를 섭리하신 하나님의 지혜 앞에서는 무력한 것이 되었습니다. 오히려 미련하고 수치스러운 그리스도의 말씀과 그의 십자가는 하나님의 능력으로 체험되고 증명되었습니다.

이 세상에서 최고의 지혜로운 것처럼 자랑하고 주장하는 사람들은 현재 세상에서 지혜가 가진 궁극적인 목적은 알 수 없었습니다. 세상의 지혜는 어리석게 되었습니다. 그 결정적 사건은 "그리스도의 십자가"에서 일어났습니다. 그러므로 이 세상에 속한 지혜는 아무 소용없어 멸망 받게 되는 것입니다.

조롱당하고 수치스러움의 실제인 "십자가의 그리스도"는 멸망 당하여 사라지는 존재가 아니라 하나님의 능력으로 구원의 길을 만드셨습

---

37 바울이 예수와 부활에 대하여 설교하였을 때(17:18), 에피큐로스 철학자들과 스토아 철학자들을 중심으로 한 아덴 사람들은 바울이 신(예수)과 여신(아나스타시스는 부활을 나타내는 헬라어)의 두 외국 신에 대하여 설명한다고 오해를 하였다.

니다. 그리고 세상의 지혜로움을 자랑하는 것이 얼마나 어리석은지를 폭로하게 하셨을 뿐 아니라 자랑의 결말은 멸망이라는 사실을 드러냈습니다.

바울은 고린도 교회에서 자기의 지혜를 자랑하는 자들의 한계에 대하여 말합니다.

세상 지혜의 한계 1:21

21절의 "하나님의 지혜"는 십자가의 그리스도에게 일어난 사건을 통해 계시된 지혜입니다. 여기서 우리는 인간이 가진 지식과 이성의 한계를 느낍니다. 21a절에서 "세상이 자기 지혜로는 하느님을 알 수 없습니다."(공동번역)라고 바울은 말합니다. 자기가 배웠던 지혜로운 지식들이었습니다. 그는 "Word Warrior"라는 말처럼 변론과 토론을 잘하도록 좋은 교육을 받은 사람입니다.[38]

바울은 직접 경험을 했습니다. 인간적인(자신의) 노력으로는 얻을 수 없는 십자가에서 선명하게 드러난 **"전복"**된 가치가 하나님의 지혜를 드러낸다는 것을 몸소 체험했습니다. 그래서 바울은 "십자가의 말씀"이 하나님의 구원하는 능력이요 구원의 지혜라고 당당하게 주장합니다.

---

38 Paula, Fredriksen, Paul, (Yale University Press, 2017), 65~66.

"내가 경험해 보니까 알 수가 있어. 그래서 나는 직접 만났고 성령의 깨닫게 하심으로 말미암아 세상을 향한 하나님의 계획을 알게 되었단 말이야. 그러니 내가 전하는 이것만 잘 듣고 믿어도 나와 똑같은 하나님의 능력을 경험하고 하나님의 지혜를 알게 되고 세상의 지혜가 주는 한계와 미련함을 당연히 알 수 있거든. 그러니 세상의 지혜와 지식에 너무 얽매이지 말라고."라고 말하는 것 같습니다.

당연히 세상의 지혜로는 받아들일 수 없는 십자가의 그리스도를 이해하기 위해서는 나에게 먼저 우선권이 있는 것이 아닙니다. "하나님께서 기뻐하시는 지혜"(구원하시기를 기뻐하셨도다.)로 사람들을 구원하시려는 계획을 기쁨으로 세우신 주님께 있습니다.

그런데 우리 "지혜"로는 불가능한 것입니다. 그것은 오직 하나님께서 우리를 구원하시려고 먼저 작정하시고 우리를 믿도록 "부르셨기" 때문에 가능한 것입니다. "그러나 내 어머니의 태로부터 나를 택정하시고 그의 은혜로 나를 부르신 이가"(갈 1:15).

21절의 '믿는 자들'과 18절의 '구원을 받는 자들'은 '그리스도의 십자가 안에 있고 그것을 믿고 전파하는 자들'입니다. 그들은 지혜자들이 어리석게 여기는 십자가의 수치스러운 사건의 당사자인 "예수를 그리스도"라고, "우리 주"라고 직접적으로 선포합니다. 수사적인 방법으로 설득하는 것이 아닙니다. 지혜와는 정반대의 개념인 "미련한" (foolishness) 것으로 하나님의 구원 계획을 선포하고 있습니다.

바울을 비롯해서 "십자가의 그리스도"를 믿는 미련한 성도들을 얼마나 많은 사람들이 모욕했겠습니까? 미련한 사람들이라고 조롱했겠습니까? 그런 비난과 따가운 시선에도 "십자가에 달린 그리스도"를 전해야 한다고, 그것이 "복음의 핵심"이라고, "하나님이 기뻐하시는 일"이라고, 바울은 호소하고 있습니다.

고린도 교회 교우들이 그리스도의 십자가를 미련한 것으로 여길 수밖에 없는 이유를 위에서 말씀을 드렸습니다. 다시 말씀드리면, 첫째, 그리스도의 십자가를 고린도 시의 문화권-그리스 로마 제국의 문화-에서 보면 수치스러움의 절정인 십자가와 매달린 인물인 예수를 삶의 지혜로 판단할 때 미련하고 상식이 아니기 때문이고, 둘째, 당대의 지식인들(종교 지도자들, 철학자, 웅변가와 변증가, 지혜자)이 가진 이성의 판단으로는 "그리스도의 말씀"과 "그리스도의 십자가"를 하나님의 지혜와 연결시킬 수 있는 한계와 제한 때문입니다. 마지막으로는 그들이 가진 신앙의 형태에서 우리가 알 수가 있습니다. 그것이 22절입니다.

두 개의 신앙 표적 신앙과 지혜 신앙 **과 그리스도의 십자가** 1:22

"유대인은 표적을 구하고 헬라인은 지혜를 찾으나"(고전1:22).

유대인들은 과거의 역사에서 하나님께서 행하셨던 승리에서 경험한 특징들과 증거들을 하나님께 기대하고 있었습니다. 구체적으로는 노예의 상태에서 구원해 주신 하나님의 능력의 행위들을 말합니다.

유대인들은 이스라엘을 죽이려고 쳐들어오는 홍해에서 이집트 병사들을 수장시킨 하나님의 구원으로 그들은 홍해를 무사히 안전하게 건넜지만(Cross), "그리스도의 Cross(십자가)"는 능력이 아니라 오히려 부끄러움이었고 십자가에서 표적을 얻으려고 했지만, 그들은 십자가를 신성모독으로 하나님을 훼손했다고 생각했습니다.[39]

유대인들이 원하는 표적은 단순한 기적이 아니라 메시아적 표적을 원하는 것이었습니다. 다윗의 영광을 재현하는 표적을 반복해서 요구했습니다. 마태복음 16:1~4절을 읽으면 바리새인들과 사두개인들이 예수님에게 와서 '하늘로부터 오는 표적을 보이라.'고 요구합니다. 예수님의 대답은, "바다에 빠져서 사흘 만에 살아난 요나의 표적 밖에 아무것도 보여줄 것이 없다."라고 말씀 하셨습니다.

헬라인은 지혜를 찾았습니다. 인간 스스로 찾아서 얻은 삶의 지혜입니다. 배움을 사랑하는 것으로 소문난 헬라인들이 지혜를 찾는 것은 당연한 일이었습니다. 논리적으로 설득력 있고 삶에 대해 질서 정연한 설명이 필요했습니다.

로마 제국의 종교에 대한 생각과 헬라인들의 지혜 추구가 당시 문화의 선두를 이루었고, 유대인들에게 하나님의 행하신 메시아적 구원에 관한 표적 신앙이 다른 한 축을 이루는 기둥이라고 본다면, 바울이 23절에서 말하는 "우리는 십자가에 못 박힌 그리스도"는 제3의 기둥이라

---

39 David, Garland, 1 Corinthians, (MI:Baker Academic, 2003), 98.

고 부를 수 있습니다.[40]

　유대인에게 예수 그리스도는 승리한 그리스도가 되어야 했고 헬라인에게는 미학적으로 질서가 잡힌 그럴듯한 삶의 체계를 찾아주는 지혜자로서 당대의 고통을 줄여주거나 삶의 이치를 완벽하게 뛰어넘은 철학자여야 했습니다. 그런데 바울이 제시하는 "그리스도는 십자가"에 "못 박힌 예수"를 "복음"이라고 전하고 있습니다.

　"십자가는 로마 사회에서는(고린도는 로마에 속한 "도시"였다.) 잔인하고 역겨우며 가증스러운 것으로 여겼습니다. 이 처벌은 범죄 한 노예 혹은 질서를 교란하는 테러범에게 국한하여 시행하였고 로마 시민이나 더 '점잖은' 범죄자에게는 결코 적용하는 일이 없었습니다. 십자가는 너무 역겨운 것이어서 정중한 분위기의 대화에서는 우회적인 방식이 아니면 입에 올릴 수조차 없는 그런 주제였습니다.[41]

　그러므로 22절에서 기대한 대표적인 두 인종의 신앙의 관점에서 유대인에게는 아주 역겨운 메시아로서 "거리끼는" 것이었고, 헬라인을 비롯한 이방인들에게는 미련한 것으로 상대하기조차 싫은 것이 바로 십자가와 그 위에 달린 예수 그리스도입니다. 23b절 "유대인에게는 거리끼는 것이요 이방인에게는 미련한 것이로되," "그리스인들과 로마인들이 볼 때 자기 원수들에게 사로잡혀 십자가에서 처참하게 죽임을 당

40　Gerald L. Sittser, Resilient Faith, (MI:Brazos Press,, 2019), 1~5에서 "the Third Way" 개념을 차용함.

41　티슬튼, 고린도전서 주석, (성서유니온), 87p, 재인용.

한 신(god)의 이야기는 한마디로 미친 것이었습니다.[42]

유대인은 신명기 21:23의 말씀 곧 "나무에 달린 자는 하나님께 저주를 받았음이니라"는 말씀에 근거하여 십자가를 "거리끼는 것"(σκάνδαλον, 스칸달론, a stumbling block, 걸림돌) 곧 하나님의 저주의 상징으로 간주합니다.

"십자가에 못 박힌 메시아"는 사건의 효력이 그때로 끝난 것이 아니라 지금까지 계속되고 있는 의미로 현재완료형을 쓰고 있습니다. 한 번 일어났다 없어진 사건을 기억해도 끔찍한데, 이 사건을 기억해 내는 것은 유대인에게 '기름에 튀긴 얼음'과 같은 모순이요 걸려 넘어지게 하는 돌이라고 생각했는데 계속 그것을 상기시키는 행위를 언급한다는 것은 유대인에게는 더욱더 불쾌한 것이었습니다.[43]

부르심을 받은 자들에게만 열려진 하나님의 능력과 지혜 1:24

반복해서 말씀드리지만, 예수님 당시와 바울이 활동하던 시절에 지혜로운 사람들의 눈에 예수의 십자가는 미련한 것으로 보였습니다.

23절에서 "십자가에 못 박힘"이 수동형인데 이것은 "십자가에 못 박힘"은 하나님께서 예수 그리스도를 십자가에 못 박은 것을 의미합니

---

42 Martin Hengel, Crucifixion, (PA:Fortress, 1977), 1.

43 Gordon D. Fee,, The First Epistle to the Corinthians, (Mi:Wm.B.Eerdmans, 2014), 75.

다. 십자가 사건은 하나님의 거룩한 계획 속에 놓여 있다는 것입니다.

그렇다면 24절에서 "오직 부르심을 받은 자들에게는 유대인이나 헬라인이나 그리스도는 하나님의 능력이요 하나님의 지혜니라."라고 말하는 것은 당시 문화의 중요한 종교 행태를 가진 두 그룹인 유대인들과 이방인들의 이성과 마음이 자신들의 고유한 전통에 사로잡혀 있어서, 하나님이 계획하신 분명한 증거인 십자가를 이해하고 볼 수 있는 이성은 합리성이라는 지혜의 덫에 묶여있었고 귀는 막혀있었고 눈은 까맣게 먼 상태임이 드러났습니다.

"부르심을 받은 자들"에게는 지혜와 표적을 자랑하는 자들이 깨달을 수 없는 닫혀진 마음이 아니라 "마음이 열려져 있었고" 바울이 전한 복음의 중심인 "십자가의 말씀", "그리스도의 십자가"가 마음의 중심에 놓여졌습니다. 이제부터는 공동체 안에는 인종적 구별, 계층적 차별, 종교와 문화적 그리고 정치적인 차별은 더 이상 존재하지 않습니다. 이제부터 세워지는 하나님의 새로운 왕국의 중심에 예수 그리스도가 계시기 때문에 지금까지 존재했던 차별과 자랑의 오만함은 십자가에서 "완전히 뒤집어졌음"을 바울이 선포하고 있습니다.

모든 사람이 꺼렸던 예수 그리스도의 십자가에서의 죽음은 철저하게 표적 신앙과 지혜 신앙에서는 찾을 수 없는 사건입니다. 거리낌으로 인식되는 "십자가의 그리스도"는 사람들의 예상을 완벽하게 어긋나게 합니다.

사람들의 지혜를 완전히 미련하게 만들어 버립니다. 하나님의 지혜와 능력은 사람들의 지혜와는 질적으로 전혀 다른 것임을 선포하고 있습니다.

사도 바울은 세상의 주류인 the First and the Second의 길을 걷지 말고 미련하게 여기고 사람들이 꺼리고 배제시키는 제3의 길(the Third way)을 십자가를 지고 주님의 뒤를 따르라고, 그것이 지혜로움이요 능력이라고 고린도 교회의 공동체에게 호소하고 있습니다.

나가는 말

25절에서 "하나님의 어리석음이 사람보다 지혜롭고 하나님의 약하심이 사람보다 강하니라."라고 역설하며 호소하는 바울의 말씀에 마음을 열어 귀를 기울이는 자들은 바울이 다시 확언하는 그리스도의 십자가를 성도들의 인격 속에서 십자가 체험을 공유하게 될 것입니다. 앞에서 말했듯이 이것은 인간의 지혜 추구와 능력으로 되는 것이 아닙니다.

교회 안에서 지혜를 자랑하고 표적의 기억을 공유하려는 자들에 의해 공동체는 분열의 위기에 직면했습니다. 바울은 그리스도의 십자가는 우리가 최고로 여기고 있는 가치들-유대인의 표적, 헬라인의 지혜 추구-을 "완전히 전복시킵니다." "뒤집어엎습니다." "우리가 기대하고, 또 갖고 있는 고정관념들을 무너뜨립니다."

고린도의 도시 사람들이 최고의 덕목으로 여기는 것들과 자랑하고 싶은 것들을 완전히 새롭게 합니다. 오래전부터 인간의 정신과 삶을 지배해 온 이성의 지혜와 표적 신앙을 "거리끼는 것"인 십자가 위의 예수 그리스도를 드러냄으로 지금까지 자신을 지탱시켜 온 "최고"와 "크다(큼)"에 대한 정의를 뒤집어 놓습니다.

이렇게 그리스도의 십자가를 바르게 이해하고 온전히 받아들였다면, 대표적인 두 개의 신앙이 얼마나 무익한 것인지 살펴야 하는데 오히려 무익한 신앙을 교회 안에서 성취하는 방식으로 복음을 소비시킵니다. 성공해서 좋은 영향력을 펼쳐라, 대박나라, 하나님의 능력으로 복 받아 잘 살자고 하나님의 능력을 아주 좁게 만들어 버립니다. 우리끼리 즐겁게 잘살자, 행복하면 되지 않느냐, 이것이 삶의 지혜이고 사는 방식이라고 합니다.

그러나 "그리스도의 말씀으로 드러난 십자가는 하나님의 섭리 속에서 드러나야 하는 빛의 나라를 바라봅니다. 빛이라고 여기며 살아온 사람들을 참 빛으로 인도하는 방식의 중심에 그리스도의 십자가가 있습니다. 그것은 위에서 아래를 내려 보는 방식이 아니라 아래서 위를 올려다보는 방식입니다.

예수의 십자가는 성공과 업적의 모델인 두 가지 신앙을 완전히 물리칩니다. 혼자 유일하게 하나님과 조우한 절대 고독의 시간과 장소가 십자가였습니다. 사람들의 환호가 아닌 조롱과 모욕당하고 가장 큰 수치스러움이 존재한 곳이 십자가였습니다. 즐거움이나 성공이 있는 자리가 아니었습니다. 그곳에서 주님은 우리를 부르십니다.

그런데 이런 예수의 십자가를 삶의 근본으로 바꾸라고 바울은 호소합니다. 여기서 문제가 생깁니다. 나는 할 수 없다는 사실입니다. 사람의 능력과 사람의 지혜로 본다면 하나님의 능력과 하나님의 지혜가 행복하다고 끄덕일 수 있지만, 실제로는 어렵고 힘듭니다.

그래서 예수가 먼저 그 길을 가셨습니다. 내가 최초가 아니고 예수가 최초로 아무도 원하지 않는 길을 걸었습니다. 십자가에 못 박히신 예수가 있는 그곳에 하나님이 존재하시고 그곳에 하나님의 사랑이 시작되고 그곳에 하나님의 생명이 있습니다. 그런데 우리는 스스로의 힘과 능력과 지혜로 할 수 없음을 통렬하게 느낍니다. 바울이 성령을 통하여 마음이 새롭게 되어 변화되었듯이 성령 하나님께 은혜를 구하고 지혜를 구해야 합니다. 오직 하나님께 집중해야 합니다.

본회퍼의 말입니다.

"If it is I who say where God will be, I will always find there a God who in some way corresponds to me, is agreeable to me, fits in with my nature. But if it is God who says where he will be, then that will truly be a place that at first is not agreeable to me at all, that does not fit so well with me. That place is the cross of Christ.[44]"

---

44 Meditation on the Word, Dietrich Bonhoeffer, trans by David McI Gracie, Rowan &

"하나님이 어디에 계실지를 말하는 사람이 나라면, 나는 항상 어떤 식으로든 나와 일치하고 내 성격에 맞는 하나님을 항상 찾을 것입니다. 그렇지만, 당신이 어디 계실지를 말씀하시는 분이 하나님이라고 한다면, 참으로 그곳은 먼저 내가 전혀 동의할 수 없고 나하고는 잘 어울릴 수 없는 장소가 될 것인데 그 장소는 그리스도의 십자가다."

나 혼자 십자가의 길을 걷는 것이 아닙니다. 우리를 부르신 그곳에 하나님이 함께 하십니다. 25절은 "하나님의 어리석음이 사람보다 지혜롭고 하나님의 약하심이 사람보다 강하니라."라고 말씀 하고 논증합니다.

우리는 하나님의 어리석음을 선택한 예수의 길, 십자가의 길을 다시 생각하고 그와 동행해야 합니다. 성령 하나님의 조명과 감동으로 나의 마음을 열어서 새 마음을 주셔서 하나님의 빛의 나라로 부르심을 받게 하신 "그리스도의 말씀," "십자가의 그리스도"를 바라보시기 바랍니다. 아멘.

Littlefield Pub, (U.S.A, MD. 2008), 37.

06

주 안에서 자랑하라

고린도전서 1:26-31

들어가는 말

　바울이 보낸 편지들이 가지고 있는 가장 큰 특징 중의 한 가지는 교회 공동체에 보낸 서신들이라는 점입니다. 그래서 그는 "형제들아"라는 표현을 사용합니다. 바울은 자신의 편지를 개인이나 특정한 몇몇 사람들을 대상으로 썼던 것이 아닙니다.

　바울이 보낸 편지는 자신이 설립한 교회 공동체를 대상으로 보낸 것입니다. 바울의 의도가 성도들에게 잘 들려지고 설득되도록 호소력이 짙은 연설문 형식으로 썼고 또 이 서신들은 회중 앞에서 큰 소리로 읽혔습니다. 편지를 읽어주는 사람이 바울의 편지를 읽으면 마치 바울이 실제로 말하는 것과 같은 효과를 내도록 편지를 작성했습니다.

바울은 호소력 짙은 수사적 표현으로 자신의 신학적인 입장을 밝히고 있습니다. 고린도전서 1:17~2:5절에서 십자가의 말씀과 15:1~15절에서 부활의 말씀을 강력하게 진술함으로써 바울이 시종일관 전하고자 하는 복음의 진수인 예수 그리스도의 죽음과 부활이 편지 전체의 앞과 뒤를 감싸고 있게 합니다.

이것을 고린도전서 1장의 상황에서 보면, 특히 10절에서 보면, 바울은 교회의 하나 됨을 위해 편지를 쓰고 있습니다. 성도들 모두는 한 분 그리스도에 속해 있으므로 분열을 일으키지 말고, 같은 마음과 같은 뜻으로 온전히 합하여 십자가에 달리신 "주"만을 선포하라고 강조하고 있습니다(고전 1:13, 17, 23, 2:2, 8).

바울은 예수 그리스도의 십자가 죽음과 그것을 통해서 보여주신 하나님의 은혜를 기억할 때 교회의 갈등이 회복될 수 있을 것으로 생각했습니다. 그렇지만 교회에 모인 공동체의 구성원들을 보면 하나가 되기 힘든 다양한 삶의 상황에 속한 사람들이 모였습니다.

바울에게 세례 받은 그리스보, 가이오 그리고 스데바나(고전 1:12~17)는 사회적으로 높은 위치에 있는 사람들입니다. 그리스보는 회심하기 이전에 회당장이었습니다(행 18:9~9). 또한, 로마서에서 바울은 가이오를 자신과 온 교회의 식사를 제공하는 하우스홀드로 소개합니다. 그는 대단한 부호였거나 매우 헌신적인 사람임이 틀림없습니다(롬 16:23). 고린도전서 16:15~18절에서 스데바나는 성도들을 "섬기기로 작정한 사람"으로 에베소에 있는 바울을 그의 가족 두 명과 함께 방문합니다. 즉 바울은 사회 상류층 사람들 몇몇에게만 세례를 베풀었습니다.

그러나 고린도전서 1:18절에서 "십자가의 도"에 대한 호소에서 바울은 사회적 지위에 대한 새로운 평가를 합니다. 세상적으로 볼 때 지혜 있는 자나 문벌 좋은 자가 아닌 약하고 멸시받던 자들이 하나님의 선택함을 받았다는 사실을 인식하여야 한다는 것이었습니다. 이는 고린도 교회의 구성원들의 다수가 사회적으로 부유층이나 권력층 혹은 학문적 엘리트 계층의 사람들이 아니었다는 사실을 보여주고 있습니다.

교회의 구성원들 중에서 문제를 일으키는 자들은 기득권을 추구하는 상류층 사람들에 국한된다고 볼 수 있습니다(고전 1:26, 4:10). 즉 문제는 교회 전체의 문제가 아니라 그들 간의 갈등이었습니다. 서로 간에 하나를 향한 열린 마음과 서로를 받아들이려는 관용과 용납의 자세가 없었다는 것이 문제의 근원이라고 볼 수 있습니다.

그러나 하나님의 백성으로 부르심을 입은 자들에게는 유대인이나 헬라인이나 그리스도는 죄와 죽음의 세력에서 구원한 "하나님의 능력이요 하나님의 지혜"입니다(1:24). 바울에게 있어서 모든 사람들은 하나님 앞에서 죄인이요, 죄인을 구원할 수 있는 분은 하나님이요, "십자가의 그리스도"라는 사실입니다.

사람들이 표적을 구하고 지혜를 추구하여 최고의 이성을 자랑하지만, 하나님이 제시한 십자가의 도는 인간의 이성과 표적을 기준으로 보면 미련한 것이지만, 십자가는 하나님의 능력의 근원이요, 최고의 지혜라고 바울은 역설하고 있습니다.

그래서 바울은 오늘 본문에서 생각하라고 합니다. 무엇을 생각하라고 합니까?

부르심을 생각하라 1:26

우리가 생각해야 할 것은 "부르심"에 대해서입니다. 바울은 생각해야 할 대상을 분명하게 말합니다. "형제들아"라고 부릅니다. 남자들만이 아니라 공동체를 형성하고 있는 모든 계층의 사람들을 의미하고 있습니다. 남자들과 여자들, 또는 형제들과 자매들을 말합니다.

이 사람들은 위에서 언급했지만, 대부분은 무지하고 가난한 사람들로 노예의 신분이거나 노예의 신분에서 벗어난 자유인이었을 것입니다. 그들은 주로 수공업을 하는 주인 밑에서 일하는 자, 소상공인들 밑에서 일하는 종업원, 뱃짐을 나르는 하역 인부들이었을 것입니다. 이들은 학문, 상업, 정치, 계급, 무역, 건축, 예술의 도시 고린도에서 무명하고 무식하고, 지배당하고, 말하기보다는 들어야 하고, 짓눌려 살아가는 사람들이었을 것입니다.

교회의 교인들은 세상의 지혜로운 사람들과 유대교 전통에 강한 사람들에게 무시당했습니다. 먼저 그들이 기독교 신앙을 잘 이해하지 못하기도 했지만, 바울이 성도라고 불렀지만- 세상 사람들이 볼 때 비웃음이 되는 사람들이 모여서 서로 그렇게 부른 것입니다만- 그들의 사회적 신분은 낮았습니다.

> "형제들아 너희를 부르심을 보라. 육체를 따라 지혜로운 자가 많지 아니하며 능한 자가 많지 아니하며 문벌 좋은 자가 많지 아니하도다." (고전 1:26).

세상 사람들, 특히 헬라인들이 추구하는 지혜로운 삶의 모습이라는 측면에서 보면, 십자가에 처형당한 예수를 그리스도로 믿고 그를 추종하는 기독교 신자들은 어리석은 사람들이었습니다. "육체를 따라"는 "세상적인 관점에서 보면"입니다. 그들은 지혜가 무엇인지 토론할 정도의 교육을 받은 자들도 아닙니다. 부자나 관공서의 직원으로 일을 하는 힘이 있는 자들도 아닙니다. 태어날 때부터 좋은 가문 고귀한 신분의 자손들도 아니었습니다.

바울은 먼저 고린도 교회의 성도들에게 "부르심"에 대해 생각해 보라고 합니다. 즉, 부름받았던 때의 '상황'을 언급하고 있습니다. 하나님께서 너희를 부르셨을 때 너희가 어떤 사람들이었나 생각해 보라는 것입니다. 이것은 보다 더 근본적인 부르심을 의미하고 있습니다. 자신들의 상황을 생각해 보면, 그들은 하나님께 부름받고 선택받은 것이 자신의 노력이 아니라 하나님께서 선택해 주신 은혜였음을 고백하게 하기 위해서 바울은 그들의 처지를 생각해 보라고 말합니다.

당연히 생각해 보라는 것은 사회적으로 교육적으로 태생 자체가 천하고 무식한 사람들이어서가 아닙니다.

교회에는 위에서 말한 대로 대단한 사람들도 있었습니다. 그러나 대다수가 세상의 관점에서 보면 자랑할 것이 없는 사람들이었기 때문에 하나님께서 부르셨을 그때를 생각해 보라는 것이었습니다.

하나님께서 부르셨습니다. 부르기 위해서 먼저 특정한 사람들을 선택했다는 의미입니다. 불특정 다수에서 아무나 뽑은 것이 아니라는 말입니다. 특별히 하나님의 섭리와 예정 속에서 부르셨습니다. 그들을 선택하시고 부르셔서 예수를 우리 주 그리스도로 고백하게 하고 구원을 주셨고 함께 모여 공동체를 이루게 하셨습니다.

그런 사람들이 선천적으로 받은 것들이나 후천적으로 얻은 것들이 아무리 고귀하고 크고 힘이 있고 권세가 있다고 하더라도 하나님의 선택 기준에는 아무런 영향을 줄 수 없고 무의미하고 연약한 것들이라는 것입니다.

반대로 내세울 만한 번듯한 것이 하나도 없고 가문도 귀족이 아닌 천한 계층이고 노예라 할지라도 그들을 하나님의 친 백성으로 만드는 것은 하나님의 지혜이며 하나님의 능력이라는 사실입니다.

누구든지 부르심을 받았을 그때를 생각해 봐야 합니다. 그런데 교회라는 공동체에 들어와서 생활해 보니 드러나는 것이 있습니다. 누구는 돈이 많고 누구는 사회적 직위가 있고 더구나 교육도 아주 잘 받은 사람들이 있습니다.

제가 길지 않은 목회지만(저는 목사 안수를 1993년 10월에 받았고 처음 설교는 1981년에 했습니다. 처음 목회는 1982년에 갑자기 교통사고로 돌아가신 전도사님 시무하시던 교회에서 4개월간 임시로 목회하면서 설교했습니다.), (100명 미만의) 작은 이민 교회의 경험을 나누어 보겠습니다.

교회에서 문제를 일으킨 사람들의 행태는 주로 이렇습니다.

첫째, 돈입니다. 어려운 사람들에게 용돈을 주거나 선물을 줍니다. 사랑과 관심의 뜻으로 베풉니다. 처음 얼마 동안은 아무 말 없이 친절하게 합니다. 그러다가 자신의 생각을 슬쩍 꺼냅니다. 그 말에 누구도 반대할 수 없게 만듭니다.

둘째, 특히 이민교회에서는 가족과 친척들이 가깝게 모입니다. 그리고 그들과 첫째 것이 바탕이 되어서 세력을 형성합니다. 마치 고린도 교회의 후원자와의 관계처럼 자신을 지원하고 후원해 주던 사람과 밀접한 사이가 되어 그들의 요구를 외면할 수 없게 만듭니다.

셋째, 대체적으로 이런 사람들은 교회를 누구보다 더 사랑하고 관심을 갖습니다. 모든 예배에 빠지지 않습니다. 단, 자신의 의도대로 되어야 한다는 조건에서 말입니다.

제가 목회했던 교회의 집사님 한 사람은 교회를 사랑했습니다. 그런데 자기의 뜻대로 되지 않으면, 먼저 헌금이 절반으로 줄어듭니다. 새벽 기도와 수요 예배에 빠집니다. 그래서 주일이 오기 전에 목사가 얼른 심방을 해서 그분의 마음을 알아주고 이해해 주어야 합니다.

넷째, 자기가 교회의 주인이므로 자기의 말을 반드시 들어야 하고 자기 말대로 심방도 가야 하고 교인들을 자기 의지대로 배제시키기도 하고 받아들이기도 합니다. 오직 자기의 기준으로 말입니다.

이 모든 것의 배후에는 자기 자신이 매우 잘났다는 의식이 강하다는 것입니다. "나는 똑똑한 사람이다. 돈도 많고 배우기도 많이 한 사람이고 경험도 많다. 그러니 나를 무시하지 말라."고 합니다. 그런데 더 잘나고 더 돈이 많고 학력이 높은 자가 있으면 그들을 어떻게든 쫓아내든지 그들과 연합하려고 합니다. 이런 것들이 오늘날 현재 작은 이민 교회의 현상적인 분쟁의 이유이기도 합니다.

많은 이민 교회의 성도들과 교역자들이 마음에 상처를 입어서 가족들끼리도 불화하고 교인들과 싸우고 뒤에서 흉보고 질투하며 살아가고 있습니다.

어떻게 이것을 치유할 수 있겠습니까? 어떻게 이런 교회를 하나님이 기뻐하시는 교회로 만들 수 있겠습니까? 생각하면 답이 없습니다. 현상 유지만 하면서 그럭저럭 살면 되겠지 하고 의도적으로 외면하기도 합니다. 저는 이렇게 생각합니다. 26절의 말씀처럼, 하나님께서 우리를 부르셨던 그때를 반드시 생각해 보아야 한다고 생각합니다.

부르셨을 때 모든 성도들은 반드시 "십자가의 그리스도"와 만나게 되어 있습니다. 이 만남이 없는 사람들이나 "십자가의 도"에서 자신의 도와 경험이 십자가와의 변증법적인 대결을 통해 "가치 전도"를 경험해 보지 못했다면, 반드시 문제가 생깁니다. 그래서 우리들은 날마다 부르심의 때와 장소 그리고 상황을 연계시켜 "문화를 변혁시키는 존재로서의 기독교"의 의미를 깨닫기 위해 의도적으로 부르심의 의미를 생각해 보아야 합니다.

그런 면에서 26절의 생각해 보라는 명령법이 아닌 직설법으로 쓰였습니다. 즉, 형제들아, 너희들의 부르심을 "고려해 보면"(consider) 왜 너희들을 부르셨는지 이해하게 된다는 뜻입니다.

여기서 고려해 보고 이해하게 된다는 것은 새로운 자아가 생긴다, 새로운 가치를 깨닫게 된다, 무엇보다 내가 누구인지를 정확하고 분명하게 본다는 사실입니다. 이것은 나의 의도적인 노력이 상당히 필요하지만, 성령 하나님이 주시는 은혜가 먼저 있어야 합니다.

바울은 하나님의 은혜와 성령의 역사하심을 매우 강조합니다. 내가 그리스도와 함께 십자가에 못 박혔다는 사실을 알고 깨닫는 것은 성령의 역사하심으로 알게 되는 것입니다.

그래서 이제는 내가 사는 것이 아니라 그리스도께서 오직 내 안에 살아 계십니다. 지금 내가 사는 것은 나를 위해 자기를 버리신 하나님의 아들을 믿는 믿음으로 사는 것입니다.

먼저 내가 십자가에 못 박혔다는 사실이 내 인생의 새로운 시작이고 공동체의 시작입니다. 하나님께서 부르신 이유와 목적이 무엇인지를 진지하게 생각해야 합니다. 이것이 마음의 베임인 할례, 마음이 열리는 경험인 성령 세례입니다.

하나님의 역설적인 선택 1:27-29

하나님께서는 지혜 있는 자들과 강한 것들과 있는 것들을 부끄럽게 하시고 그들이 아무것도 아니라는 것을 보이기 위해서 세상 학문적으로 어리석은 것들과 사회적으로 약한 것들과 신분이 천한 것들과 멸시받는 것들과 없는 것들을 택하셨습니다.

고린도 교인들은 지혜 있는 자, 능한 자, 문벌 좋은 자가 많지 않았습니다. 하지만 이들에 대한 공통적인 것들이 있습니다. 그것은 하나님께서 이들을 택하셔서 지혜 있는 자와 강한 자를 부끄럽게 하시려는 지혜가 있었습니다.

> "그러나 하나님께서 세상의 미련한 것들을 택하사 지혜 있는 자들을 부끄럽게 하려 하시고 세상의 약한 것들을 택하사 강한 것들을 부끄럽게 하려 하시며"(1:27), "하나님께서 세상의 천한 것들과 멸시받는 것들과 없는 것들을 택하사 있는 것들을 폐하려 하시나니"(1:28).

26절(렘 9:23)과 비교해서 보면, 세상의 미련한 것들은 26절에서 말하는 지혜와 능력과 문벌이 없지만, 27절에서 지혜 있는 자들은 지혜가 있고, 강한 것들은 능력이 있고, 있는 것들은 문벌이 있습니다.

그러나 하나님께서는 지혜나 능력이나 문벌이 없는 자들을 부르셔서 있는 자들을 부끄럽게 하시고 더 나아가 폐하기도 하십니다. 고린도 교회 공동체를 구성하는 성도들은 자랑할 것이 별로 없습니다.

"부끄럽게 한다"는 의미는 현재적 의미가 아닙니다. 문화와 종교 철학적 지식이 높고 물질적인 것이 부요한 고린도 시에서 고린도 교회의 성도들을 눈여겨보는 사람들은 없습니다. 더구나 그들이 "우리 주"라고 고백하는 "주"는 십자가에 달려서 죽은 저주 받고 어리석은 사람입니다. 예수의 십자가는 부끄러운 일이기 때문에 누구도 인정하지 않습니다.

그러나 종말론적인 시각을 가지면 달라집니다. 지금은 공동체의 모습이 세상과 비교하면 부끄럽지만, 종말이 오면 예수가 구원의 길이었음이 명백하게 드러납니다. 그때 26절에서 육체적으로 자랑하는 사람들의 부끄러움이 드러나게 됩니다.

우리를 부르셨을 때는 과거의 나입니다. 과거의 나를 기준으로 하나님은 심판을 행하시는 분이 아닙니다. 하나님의 아들 예수 그리스도가 다시 오시는 그날을 약속하신 그 은혜 때문에, 지금 우리는 예수 그리스도 약속 안에서 하나님의 능력이 되었고 지혜가 되었습니다.

주님이 다시 오시는 그날 성도들은 비록 발전된 도시의 밑바닥 인생이지만 십자가의 그리스도를 닮는 삶을 형성하고 십자가를 지는 모습으로 변함없이 살기에 성도들은 빛의 나라의 백성으로 참여하게 되고 성도들을 무시했던 육체의 자랑을 가진 자들은 모두 부끄러워할 것입니다.

그러면 이런 종말론적인 관점을 미래에만 두고 살아야 하는가? 당연히 아닙니다. 이 관점을 지금 우리가 살고 있는 삶의 현장에서 드러내야 합니다. 인종, 계급적 차이, 학력 차이, 그리고 부와 재물의 차이가 우리를 힘들게 하여도 우리는 예수 그리스도의 십자가가 참된 지혜요 능력이라는 것을 삶으로 살아내야 합니다,

마이클 고먼이 "십자가를 본받는 삶은 계속하여 그리스도 안에서 살아가고 그리스도와 함께 죽는 삶의 패턴이다. 이 패턴이 그리스도를 닮은 사람(Christ-like〈cruciform〉Person)을 만들어낸다. 그리스도를 닮은 실존은, 개인에게나 공동체에게나, 그의 종으로 살아간다는 것, 나는 그 안에 들어가 살고 그는 내 안에 들어와 사신다는 것을 의미하는 것이요, 그와 함께, 그를 위하여, 그를 "따라" 산다는 것을 의미한다고 말했습니다.[45]

28절의 "폐한다"는 것은 27절의 "부끄럽게 하다" 보다 더 강한 의미입니다. '무효화하다'와 '아무것도 아닌 것으로 돌리다'는 의미가 있습니다. 하나님은 '없는 것들'을 택하셔서 세상적인 기준에서 '있는 것들'을 무효화하고 또는 무력화하신다는 것입니다. 세상에서 가장 높은 지혜를 가진 자들, 좋은 가문의 사람들, 그리고 능력을 행하도록 하는 부와 재물들이 마치 사람들에게 구원을 주는 것처럼 행사해서 사람들이 그것들을 믿고 의지하여서 하나님을 신뢰하지 못하게 하기 때문입니다.

하나님께서는 인간의 예상과 기대를 벗어난 역사를 일으키실 때가

---

45 Michael Gorman, Cruciformity, (MI: Wm. Eerdmans, 2001) 49.

많습니다. 마가복음에서 소경 바디매오가 길거리에서 구걸하는 주변인이었고 예수의 제자들은 예수를 멋있게 따라가는 핵심적인 위치이고 중심인물이었지만, 예수의 종말론적인 핵심을 알아차린 바디매오는 소경이었지만 눈을 뜬 제자였고, 제자들은 보는 눈을 가진 자였지만 실제로는 맹인이었음이 드러난 사건을 우리는 기억합니다. 십자가의 삶을 형성하고 종말론적인 관점으로 삶을 살아가는 성도들은 "먼저 된 자로서 나중 되고 나중 된 자로서 먼저 될 자가 많으니라."(막 10:31)는 예수님의 말씀을 기억해야 합니다.

"부끄럽게 하고", "폐하시는" 이유를 29절에서 말합니다. **아무 육체라도 "하나님 앞에서 자랑하지 못하게" 하려는 것입니다.** 여기에서 "아무 육체"는 고린도전서 1:26절에서 말하는 3가지를 말합니다.

결국 공동체의 문제는 자랑이었습니다. 지도자를 중심으로 권력 다툼이 되는 것은 자기의 지도자를 자랑하는 것입니다. 자랑의 근거는 지도자들과 추종자들이 스스로 지혜롭다고 여기는 자아도취에서 근거합니다. 자기 지혜의 절대성, 판단의 정확성, 그리고 물러서지 않는 고집 그리고 종말론적인 공동체에서의 성도 개인의 부르심에 대한 오해가 자기 자랑을 합니다.

하나님 앞에서 인간의 육체적 자랑은 자신이 공동체 내에서 어떤 역할을 해야 하는지에 대해 무지하거나 무식하거나이고 하나님의 은총에 대해 잘못 이해하고 있기 때문에 일어납니다. 내가 자신을 드러낼 수 있는 무엇이 있다고 생각하는 순간 그는 십자가의 그리스도가 주시는 구원의 기쁨을 누릴 수가 없습니다.

내가 누구인지를 드러낼 수 있는 근거의 이유가 하나라도 있다고 속으로 느끼는 순간 구원의 참된 목적은 망가지기 시작하며 자기 나름대로의 합리적인 자랑거리의 이유들을 만들어 낼 것입니다.

"자랑하다"는 신약에서 59회 나오는데, 특히 고린도 전, 후서에서 39회(고전 10회, 고후 29회) 나옵니다. 바울은 이 단어를 긍정적인 면과 부정적인 면 모두 사용하였습니다. 긍정적인 측면에서는 바울이 주님과 그의 십자가를 자랑할 때(고전 1:31, 갈 :14), 인간의 연약함 안에서 나타나는 하나님의 역설적 능력을 자랑할 때(롬 5:3; 고후 2:9)입니다. 그 외에 나타나는 모든 자랑은 인간의 부정적인 자랑입니다(고전 3:21, 4:7, 롬 2:23, 3:27). 이 자랑은 먼저 하나님께 도전적인 태도이고 사람들에게도 공격적으로 보입니다.

"자랑"이 고린도 교회 안에 나타났습니다. 바울은 그들의 자랑인 지혜를 하나님께서 미련하게 하셨다고 과감하게 선포합니다. 바울이 말하는 지혜는 세상의 지혜와 차원이 전혀 다릅니다. 예수 그리스도를 아는 것이 참된 지혜입니다. 왜냐하면, 그것이 바로 구원의 길이기 때문입니다. 예수 그리스도를 아는 참된 지혜는 자랑하지 않습니다.

지혜를 자랑하며 뽐내는 것이 시대를 앞서가는 것 같고, 자신이 신이 되리라는 황제의 세속 영성인 자랑함이 그 시대의 종교뿐 아니라 정치와 사회 현상에도 영향을 주었다면, 바울이 전하는 예수 그리스도의 십자가는 영적 지식과 삶의 실천에서 어떤 태도를 취할지 심각하게 생각하게 하고 더 나아가서는 지금까지 가지고 있었던 자랑을 바꾸라고 직접적으로 하는 말입니다. 공동체 내부에서 "다른 영성"을 주장하며 십자가를 덜 진지하게 받아들이거나 다르게 이해하던 이들에게 완전히 자신을 포기하며 참된 지혜를 추구하라는 촉구하는 것으로 생각해 볼 수 있습니다.

교회의 유일한 자랑은 예수입니다 1:30-31

30절은 예수 그리스도의 십자가 사건과 그것을 통해서 이루어진 하나님의 구원 사건을 명시적으로 선언합니다. 하나님의 놀라운 구원을 가능케 한 예수 그리스도, 하나님의 지혜이신 그분을 통해서 그리스도인은 의롭게 되었고 거룩하게 되었습니다.

30절은 "그러나"라는 접속사로 시작합니다. 30절 이전에서는 인간의 자랑을 부정적으로 다루었다면, "그러나"(however)는 하나님께서 그리스도 안에서 고린도 교회의 성도들을 부르셔서 이루신 것들을 긍정적으로 말씀하고 있습니다.

> "너희는 하나님으로부터 나서 그리스도 예수 안에 있고 예수는 하나님으로부터 나와서 우리에게 지혜와 의로움과 거룩함과 구원함이 되셨으니"(고전 1:30).

우리 존재의 근원은 하나님입니다. 그리고 우리의 현재의 자리는 "예수 그리스도 안"입니다. 세상적으로 미련하고 약하고 천하고 멸시받는 "너희"가 하나님의 부르심을 받아 그리스도와 살아있는 교제를 통해 생명력이 있는 능력자들이 되었다는 것입니다.

왜냐하면, 성도들은 믿음으로 그리스도를 붙잡게 되었고 믿음을 통해 그리스도와 교제하므로 그리스도의 존재 속에 들어가게 되었습니다. 존재 가치가 없는 것들이 존재하게 되는 것은 그리스도 안에서 이루시는 하나님의 새 창조에 의해 회복되고 성취되어져 갑니다.

이 말씀 가운데는 복음의 핵심 메시지, 예수 그리스도께서 하신 일이 드러나 있습니다. 이 구절 전까지 바울은 십자가에 돌아가신 그리스도에 대해서만 전했지 구체적으로 이 사건을 통해서 어떤 일이 이루어졌는지 언급하지 않았습니다. 바울은 고린도전서 1:30에서 비로소 십자가 사건의 결과로 이루어진 하나님의 구원 사건을 분명하게 밝히고 있습니다.

그러면 30절을 이렇게 번역해 볼 수 있습니다. "하나님으로부터 여러분들은 하나님의 지혜가 되신 그리스도 예수를 통해서 의로우며, 거룩하게 되었으며, 구속함을 받았습니다.[46]"

30절에서 사용하는 "의로움, 거룩함, 구속함"이라는 단어는 그리스도와 연관 지어서 사용하지 않는다는 점입니다. 바울은 이 단어들을

---

46 김봉습, "고린도전서 1:30절의 해석에 대한 소고", 신약논단, 2019. 12., 한국 신약학회, (2019), 1113.

그리스도 예수가 아니라 믿는 자들이 경험한 존재적 변화를 설명할 때 사용했습니다.

첫째, "의로움", 예수 그리스도께서는 죄인들이 하나님의 의로운 사람들이 될 수 있도록 죄인들의 처지, 운명을 짊어지신 것입니다. 십자가 죽음은 예수 그리스도께서 죄인들을 대신해서 죄에 대한 심판을 받은 사건입니다. 이렇게 믿는 자 스스로의 힘으로가 아니라 그리스도 십자가 사건을 통해서 의로워졌다는 사실입니다. 이것은 빌립보서 3:9, 고린도전서 6:11, 고린도후서 5:21, 로마서 3:24, 5:9절과 연관 지어서 생각할 때 믿는 자들의 존재 변화를 의로움으로 표현하고 있음을 알 수 있습니다.

둘째, "거룩함", "그리스도 예수 안에서"라는 표현에서 이 거룩함을 가능케 한 근거가 바로 십자가 사건에 있음이 드러납니다. 그리스도인이 거룩한 사람이라고 칭함을 받는 것은 자신의 노력, 공로에 있는 것이 아니라 전적으로 예수 그리스도의 십자가 사건 때문입니다. 그리고 궁극적으로 그리스도인들에게 거룩함을 이루신 분은 하나님이십니다.

고린도전서 1:2절에서 "그리스도 예수 안에서 거룩하여진 자들"이라는 표현처럼, 30절의 거룩함은 예수에 의해서 성도들이 거룩해지는 것이지 예수가 거룩하게 되는 것은 아닙니다.

셋째, "구속함", "구속함"은 이미 일어난 구원 사건과 관련되어 있습니다. 로마서 3:24("그리스도 예수 안에 있는 속량으로 말미암아 하나님의 은혜로 값없이 의롭다 하심을 얻은 자 되었느니라.")과 마찬가지로 그리스도 예수 자신을 말하는 것이 아니라, 그리스도 예수를 통한 믿는 자들의 구속을 말하고 있다는 것입니다.[47]

그러므로 예수의 십자가의 구속사건으로 성도들이 의로움, 거룩함, 구속함을 받은 것은 하나님으로부터 예수 그리스도 안에서 이루어진 것입니다. 이것이 세상의 지혜를 압도하는 하나님의 능력으로서의 지혜입니다.

고린도 교인들이 '지혜'를 통해 자랑하는 것들이 하나님 앞에서 어리석은 것이고 구원에는 아무런 능력도 없는 것으로 폭로되었습니다. 바울은 참된 지혜란 하나님께서 십자가에 못 박힌 예수를 통해 계시한 것이며, 참된 지혜는 예수 그리스도입니다. 바울이 십자가에 못 박힌 그리스도가 하나님의 지혜로 나타나는 것은 인간이 기대했던 모든 능력과 가치를 한순간에 뒤집어 엎어놓은 지혜이며 그리스도를 통해 하나님께서 사랑의 은혜를 나타내신 것입니다.

나가는 말

세상 사람들은 영광을 구하고 권력을 추구하고 자랑을 내세웁니다. 교회 안에서도 별로 다르지 않습니다. 바울은 하나님 앞에서 자랑할 것이 없다고 했습니다.

---

47 이상, 김봉숙, 같은 논문에서 인용.

심지어 빌립보서 3:7~8절에서는 "또한 모든 것을 해로 여김은 내 주 그리스도 예수를 아는 지식이 가장 고상하기 때문이라. 내가 그를 위하여 모든 것을 잃어버리고 배설물로 여김은 그리스도를 얻고 그 안에서 발견되려 함이니"라고 했습니다.

고린도전서 1:31절에서는 "자랑하는 자는 주 안에서 자랑하라고 합니다. 예레미야 9:24절에서는 이렇게 말합니다.

> "자랑하는 자는 이것으로 자랑할지니 곧 명철하여 **나를 아는 것**과 나 여호와는 사랑과 정의와 공의를 땅에 **행하는** 자인 줄 **깨닫는** 것이라. 나는 이 일을 기뻐하노라."

우리의 삶에서 추구하고 자랑해야 할 것은 하나님과 그리스도를 아는 지식으로 자신의 무력함과 하나님께서 그리스도를 통해 행하신 구속 사역과 사랑의 은총입니다. 우리가 드러내야 하고 자랑해야 할 것은 하나님으로부터 시작한 구원의 계획과 순종으로 우리를 위해 십자가에서 죽으심으로 구속하시고 의롭게 하시고 거룩하게 하신 그리스도입니다. 우리는 이것을 겸손하게 드러내야 합니다.

바울은 '말의 지혜, 말과 지혜의 아름다운 것, 설득력 있는 지혜의 말, 그리고 사람의 지혜'를 거절합니다. 그런데 사람들은 이런 것에 현혹당합니다. 이것은 자랑으로 연결이 되어서 자랑은 칭찬과 또 연결되고, 칭찬은 영광을 추구하는 사람들에게는 질투를 부채질하기도 하고 자랑은 다른 사람을 공격에 이르게 하기도 합니다.

그리스도의 십자가에 깊이 몰입되어 있고 십자가의 말씀을 날마다 의식하며 살아가는 성도라면 자기의 자랑과 칭찬은 감추고 공동체의 유익을 위해 자신을 희생할 것입니다. 그리고 부활하신 그리스도를 날마다 숨 쉬는 순간마다 희망하여 그를 찾는(골 3:1) 성도라면 순간순간 마다 하나님의 샬롬과 그리스도의 능력을 얻게 될 것입니다.

그러므로 그리스도의 십자가를 날마다 의식하시고 집중하시기 바랍니다. 삶의 어려움과 고통이 있을지라도 하나님은 십자가의 그리스도를 통해 성령 하나님의 인도하심으로 놀라운 삶의 능력을 신비하고 예측할 수 없는 방식으로 가득 채워 주실 것입니다. 아멘.

고린도전서

2장

07

성령의 역사가 드러나는 복음 선포

고린도전서 2:1-5

들어가는 말

바울이 고린도 교회를 세울 때 전한 말씀의 핵심은 예수 그리스도 였습니다. 그리고 그들은 예수를 '주'로 믿고 세례를 받았습니다(행 18:1~8). 바울은 고린도 교회에 하나님의 평강과 그리스도의 은혜가 있기를 축복했습니다. 그리고 바울이 그리스도에 관하여 증언한 것이 고린도인들 가운데 든든하게 뿌리내렸음을 입증해 주었습니다(6절).

그러나 바울이 글로에를 통하여 들은 교회의 소식은 마치 그물이 찢 어지듯이 교회가 분열의 위기에 놓였다는 소식이었습니다. 바울은 고 린도 교회의 구성원들을 "성도"라고 불렀습니다.

그런데 그들은 자기에게 영향을 주고 있던 자들을 중심으로 그리스도에 대한 정체성을 묻는 본질적인 것을 무시했습니다. 오히려 고린도 도시에 이미 있는 정치, 종교, 문화, 철학의 영향을 받아 복음의 핵심에서 벗어나 있었습니다. 우리가 이미 읽은 말씀들에서 교회의 본질인 십자가에 못 박힌 그리스도의 신앙, 복음 운동의 핵심인 십자가 말씀의 신앙을 소홀히 하였습니다(고전 1:13, 17, 18, 23).

30절 말씀은 그리스도가 하나님께서 우리에게 은혜로 주신 "지혜"요, "의"요 그리고 "거룩함"이고 "구속"이라고 하지 않고 그가 이루신 그리스도의 십자가의 핵심 내용, 즉 그리스도가 십자가에서 이루신 구체적인 내용이 "우리를 의롭게 하시고 거룩하게 하시고 구속하신 것"이라고 했습니다.

교회는 그리스도의 십자가 사건에서 얻은 이런 사실들을 교회 안에서 실천하며 살아야 함에도 그들은 십자가의 말씀이 가르치는 사랑과 섬김을 외면하며 자기중심, 지도자를 중심으로 권력 다툼의 모습을 드러냈습니다.

우리는 고린도 교회를 통해 오늘날 교회들이 가지고 있는 근본적인 문제들을 발견할 수 있다고 생각합니다. 고린도 교회는 성령의 조명에 따른 십자가의 말씀, 교회의 본질적인 가르침을 외면하고, 감정적이고 시대정신에 부합된 합리적인 이해 차원으로 말씀을 받아들이고, 십자가의 말씀을 사고(생각과 감정)의 차원으로 받아들여 사고와 감정의 뉘우침은 있지만, 마음(심령과 의지)에서 발생해야 할 회개와 삶의 변화를 갖지 않았습니다.

세례를 통해서, 거듭났을 때 마음에 내주하신 그리스도의 영, 성령을 따라 결단하며 살지 않고 인간의 지혜와 인간의 마음(심령과 의지)을 따라 생활하고, 성경의 가치 기준과 어긋나는 일반사회, 시대정신의 가치 기준을 교회 생활에도 적용하여 생활과 건강, 성공과 풍요로움, 그리고 개인 중심과 자기들만의 즐거움을 교회 생활의 목적에 두고 살고 있었습니다.

고린도 교회가 가지고 있던 가장 큰 문제는 바울이 "세상의 지혜"(고전 1:19~20)라고 지칭하는 "지혜"(특히 에피큐로스나 스토익 그리고 소피스트들과 현대 교회를 휩쓸고 있는 계몽주의나 번영 복음)로 하나님의 지혜인 "십자가의 그리스도"와 그리스도가 이루신 "의로움", "거룩함", 그리고 "구속"의 정신을 대체하려는 움직임과 십자가를 "거리끼는 것" 또는 "걸림돌"(고전 1:23)로 생각하는 유대교 영향이 문제였습니다.

이러한 교리와 신학의 차이를 "십자가의 말씀"으로 해결하지 못하고 권력 행사를 하므로 고린도 교회에 당파가 형성되었으며, 어떤 사람들은 지혜를 자랑하는 우월의식이 팽배했고 더 나아가 분열과 분쟁이 드러나게 되었습니다.

우리가 성경을 읽고 설교 말씀을 듣는 것은 개인적인 감정 위로와 삶의 지혜를 얻기 위한 도구가 아니라, 그리스도가 이루신 "십자가 사건"의 결과가 의로움과 거룩함 그리고 구속이 공공의 정의를 이루고 하나님의 나라를 세워 빛의 세상을 만들려는 바울 복음의 핵심을 이해하는 단계로까지 나아가야 합니다.

바울은 개인적인 측면에서 십자가에 달린 그리스도의 능력을 세상적인 지혜의 관점에서 본다면 전혀 다른 방식으로 구원을 이루시는 하나님의 지혜라고 말하고 있습니다(1:18~25).

또한, 바울은 교회의 공동체를 향해서는, 십자가의 도에서 나타난 하나님의 능력을 세상에 자랑하도록 부르신 목적을 분명히 인식해서 십자가의 그리스도가 복음임을 선포하는 것이 하나님의 능력을 나타내는 사명이라고 교회 공동체의 부르심의 목적에 대해서도 말씀했습니다.

이제 2장에서 십자가의 말씀으로 형성되어 세상이 추구하는 것과는 근본적으로 다른 복음을 선포하는 바울의 모습을 살펴보겠습니다.

바울의 선포하는 복음의 방식 2:1,4

"형제들아, 나도 너희에게 나아가 하나님의 비밀을 전할 때에, 말과 지혜의 아름다운 것으로 하지 않았습니다."(고전 2:1).

바울은 복음의 핵심인 "십자가의 말씀"을 논증적으로 이끌어 갑니다. 1:8~25절에서는 "십자가의 말씀"(1:18), 즉 "십자가의 못 박힌 그리스도"(1:23)가 하나님의 지혜이며, 하나님의 능력이라고 선포합니다. 이것은 세상적인 지혜의 기준을 뒤엎는 역설적인 것입니다.

이러한 복음이 1:26~31절에서는 하나님의 부르심 받은 교회의 공동체의 관점으로 선포하면서 본문에서는 사도 바울의 개인적인 관점으로 접근하고 있습니다.

바울은 "형제들아"라고 교회의 구성원들을 부르면서, "그리고 나도"라는 말을 사용합니다. 특히 "나도"는 앞의 1장의 것과 밀접하게 관련이 있습니다. 영어로는 "and I"입니다. 하나님의 능력이요 지혜이며, 자랑거리인 "십자가의 말씀"이 고린도 교회 안에서뿐만 아니라, 복음 선포자인 바울 자신에게도 동일하게 삶을 규정해 주고 있다는 의미입니다. 바울 자신인 "나도" 세상의 자랑거리인 "지혜"나 "표적 신앙"에 물들어 자랑하는 가치관과는 전혀 다른 "십자가의 복음"의 본질과 부르심에 동일하게 적용하고 있다는 것입니다.

바울이 공동체의 성도들에게 가지고 가서 전한 것은 "하나님의 증거"[48]였습니다. "증거"를 "비밀"로 번역한 역본들이 있습니다. "증거"보다는 "비밀"을 선택하는 이유는 이 단어가 고린도전서 2:7절에 다시 등장하는데, 이곳에서는 "비밀한 가운데"(개역개정: 은밀한 가운데, 새 번역: 비밀로 감추어져 있는)라는 말로 번역됩니다. 성령을 통해 은밀하게 드러나는 것이 하나님의 구원 사역의 목적이기 때문입니다.

"증거"를 선택하는 이유는 복음이 비밀적인 성격에 있는 것이 아니

---

48 '하나님의 증거'로 사용된 사본들은 바티칸 사본(Codex Vaticanus)이나 불가타(Vulgata)의 번역에 따른 것으로, 한글 개역개정 성경, 영역 성경의 흠정역(KJV), 개정역(RSV)이 따르고 있으며, '하나님의 비밀'로 사용된 사본들은 시내산 사본(Codex Sinaiticus)이나 알렉산드리아 사본(Codex Alexandrianus)에 있고 새번역이 있다.

라, 하나님으로부터 위탁받아 생명을 걸고 증거해야 하는 하나님의 말씀이라는 데에 중점을 둔다면 "증거"는 본문과 더 잘 어울립니다.

그러나 이것을 결정짓는 중요한 것은 4절에 "성령의 능력"이 나오는데, 성령의 능력을 받지 못한 사람에게는 "비밀"이든 "증거"든 유용하지 않지만, 성령의 능력을 받은 성도들에게는 "비밀"이었던 "복음의 진수"가 증거로 자연스럽게 드러나는 결과를 가져옵니다. 즉, 예수님의 빛에 비춤을 받지 못한 자는 여전히 비밀이지만, 빛을 맛본 성도에게는 증거로 작용하게 될 것입니다.

여기서 하나님의 증거는 구체적으로 하나님으로부터 나온 십자가에 달린 그리스도(Christ crucified)라고 특징 지어 말할 수 있습니다. 그리스도가 하신 말씀, 행동, 그것들의 의미와 목적 등을 포함합니다. 증거가 어떤 사람에게는 영원히 풀 수 없는 "비밀"로 남아 있기도 하고, 어떤 이들에게는 전하여야만 하는 "증거"가 되는 것입니다. "비밀"을 "증거"로 담대히 전할 수 있는 이유는 바울이 이미 경험한 성령의 조명, 예수님의 빛이 있었기 때문입니다.

사도 바울이 전하는 비밀인 복음을 증거하는 방식을 말씀드립니다.

첫째, 아름다운 말로 하지 않았습니다(not with lofty(고상한) speech). 여기서 'lofty'는 'preeminence'(발군의, 뛰어난), 'superiority'(우월한)의 의미입니다. 디모데전서 2:2절에서는 높은 위치를 나타내지만, 본문에서 바울은 이 단어를 좀 "비꼬는" 의미로 사용하고 있는 것 같습니다.

바울의 말은 글보다 유창하지 않았습니다. 고린도후서 11:10절에서 보듯이, 바울은 그가 눌변가라는 고린도인들의 비평을 수긍합니다. 반면에 수사적인 기법이 넘치듯 보이는 그의 편지들은 매우 효과적인 논증가였음을 알려주기도 합니다. 수사적인 기법은 헬라의 아름다운 진리를 전달하는 방식이었습니다. 방랑 철학자들이나 웅변가들은 청중들의 욕구를 맞추어 주거나 청중들의 생각을 조작하려는 논리적인 기술을 사용했을 것입니다.

둘째, 아름다운 지혜로 하지 않았습니다. 지혜의 말로도 하지 않았습니다. 당시의 웅변가들, 소피스트들은 자기의 유익을 얻기 위해 웅변의 기술들을 개발하여 사람들의 마음을 얻었을 것입니다. 웅변가들이나 소피스트들 그리고 철학가들은 자기의 생각을 청중들에게 주입시키거나 설득하기 위해서 수사적인 기법을 사용했을 것입니다. 그들의 목적은 재정적인 유익을 얻는 것이었는데, 수사적 기법에다 헬라의 지혜를 담아서 잘 포장해서 전했습니다.

선포한 복음의 내용 2:2

바울이 헬라적 지혜의 내용과 전달의 유용한 도구들을 거절한 것은 지혜를 자랑하는 자들이 파토스가 담긴 진정한 것이 아니기도 했지만, 그 사람들이 가지고 있는 "세상적인 가치관"을 거절했다고 보는 것이 더 적절합니다. 내용을 전달할 때 아리스토텔레스의 3가지 방식인 "로고스", "파토스", 그리고 "에토스"의 방식을 사용하는 것도 좋지만 먼저 바울은 복음의 핵심 내용에 더 집중했습니다.

2절은 "가르"(γὰρ, 왜냐하면)라는 접속사로 시작을 합니다. 그 이유는 "말과 지혜의 아름다운 것으로 하지 않았습니다."에 대한 이유를 제시하려고 하기 때문입니다. 바울은 예수 그리스도가 십자가에 못 박힌 것 외에는 전하지 않기로 결심했기 때문입니다.

바울이 전하는 복음의 내용은 첫째, "오직 예수 그리스도"입니다. 아무것도 알지 않기로 작정하였다는 것은 오직 그만 알기 원한다는 의미입니다. 둘째, 그가 십자가에 못 박히신 것만을 알기로 했습니다.

믿음이 생기는 원인이 세련된 방식이나 현란한 언사에 있는 것이 아닙니다. 예수에 대해 직접적으로 말할 때에 믿음이 생깁니다. 예수를 직접적으로 증언할 때 믿음이 일어납니다. 믿음이 생기는 방식은 복음의 내용에 오직 달려 있습니다. "십자가에 달린 예수 그리스도"가 선포되는 복음의 내용이어야 합니다. 2절의 "십자가에 못 박히신 것"은, 못 박힌 예수 그리스도를 중심으로 부활까지 이해하는 것이지 부활되었다고 해서 십자가의 그리스도를 잊어버리거나 취소하는 것이 아니라는 것입니다.

복음의 핵심은 단순합니다. 그러나 실천방식은 다양하고 넓습니다. 처음에는 단순해서 간단하게 인정하고 살면 될 것 같지만, 복음을 받아들인 이후의 삶은 신중해집니다. 어떤 종교에서 강조하는 "깨달음"

은 매우 개인적이고 독립적입니다. 자신의 의식과 인식 그리고 관념과 철학이 전환되기 위해 "나"라는 주체가 끊임없이 수행해야 합니다.

바울의 복음은 독립적인 자아 수련이 아니라 "관계적"인데 핵심적 의미가 있습니다. 예수를 "우리 주 예수 그리스도"라고 믿고 고백하는 것은, 철저하게 "나에서부터 그가 아닌 당신으로 삶의 방향"을 바꾸는 것입니다. 여기에서 관계가 형성됩니다. 나와 하나님과의 관계, 나 자신과 이웃과의 관계로 범위가 확대되어 갑니다. 인식의 전환에서 당신이 정해 준 삶으로 방향을 바꾸는데, 철저하게 "내가 아닌 당신인 그리스도"이며 그분에게(여기서 그는 2인칭) 나의 삶의 주도권을 내어 주는 인식론적 전환과 더불어 그분의 근본적인 실천의 모습을 닮게 합니다. 이것은 매우 단순합니다. 단순해야 합니다. 바울은 그 첫 출발점이자 시작의 근본 원인이 예수 그리스도임을 분명하게 밝히고 있습니다.

『스틱』이라는 책에서도 세계를 움직인 한 문장, 그 메시지의 비밀이 무엇인가 공개된다고 하면서 그 비밀의 제일 첫 번째가 "단순성" (simplicity)이라고 합니다. 강한 것은 단순하다. 1초 만에 착 달라붙는 메시지의 법칙을 말하고 있습니다.[49] 고린도전서 1장과 본문에서 밝히는 바울의 메시지는 단순하고 분명합니다.

바울이 전하는 방식은 매우 상황적임을 알아야 합니다. 바울은 사도행전에서 아덴에서 아레오바고 설교를 할 때 헬라 철학을 언급했지만 (행 17:22~31), 고린도전서에서는 고린도 교회의 분열 문제가 근본적

---

49 칩 히스, 댄 히스, 스틱, 박슬라 옮김, (파주:엘도라도, 2020), 49.

으로 십자가의 말씀을 올바르게 이해하지 못한데서 온 결과이기 때문에 고린도 교인들이 십자가의 말씀과 그리스도의 십자가가 내포한 복음의 핵심을 세상적인 지혜의 말과 방식보다, 단순하게 핵심에 집중해서 선포하는 것이 능력으로 나타난다고 확신하였기 때문입니다.

복음을 전하는 바울의 태도 2:-4a

3절은 1절과 마찬가지로 '내가'라는 말로써 바울은 십자가만을 알기로 작정했을 때에 그의 설교뿐만 아니라, 육체적이고 심리적인 삶의 자리와 바울이 말하는 모든 것에까지 영향을 주고 있음을 암시합니다. 약함, 두려움, 떨다 이러한 상태들이 그것을 보여줍니다. 사도로서 바울의 삶에 대한 태도가 곧 십자가에 의해 새롭게 해석된 모습입니다. 순수한 복음을 전하려는 바울의 마음이 나타나 있습니다.

기독교를 핍박하던 모습에서 주님을 빛으로 만나고 성령의 충만함을 입는 사건을 통해 바울은 전혀 새로운 자아가 형성되었고 율법에 대한 이해가 재해석되어 앞으로 전할 복음의 시작이 이 사건으로 시발되었습니다.

바울의 떨림과 두려움은 당시의 세계관과 비교하여 보면 당연합니다. 팍스 로마나로 불리는 로마의 평화는 철저하게 힘으로 이룬 평화였습니다. 강력한 군사력과 지도력으로 지중해 일대를 다스렸습니다.

그런 곳에서 십자가의 예수를 '그리스도'로, 만물의 근원인 '로고스'로, 그리고 삶의 주재인 로마 황제를 제치고 예수를 '나의 주'라고 고백하고 그를 전한다는 것은 두렵고 떨리는 일이었습니다.

바울은 아무도 듣지 않을 정도로 미련하고 무능력한 예수를 그리스도로 전했습니다. 그는 자신의 약함을 인정하고 자신의 논리와 말로는 한 사람도 설득하지 못할 약한 존재임을 시인했습니다. 단지 자신을 복음을 전하는 도구임을 인정하고 전하는 자로 먼저 하나님 앞에 서 있었습니다. 하나님 앞에서 자신을 무익한 존재임을 인정했습니다. 그러나 사람 앞에서는 복음에 대한 확신으로 섰습니다. 이것이 3절의 의미입니다.

우리의 태도도 바울의 이런 모습을 본받아야 합니다. 많은 신앙인들은 입으로(언어로) 복음을 충분히 이해하고도 남고 확신에 찬 말을 쏟아냅니다. 그런데 들어보면 복음이 아닙니다. 겸손함으로 살고 말하는 것 같은데 속에는 추한 욕망이 가득 차 있습니다. 바울은 자기가 가진 세상 지식의 풍부하고 수사적인 논리로 사람들의 마음을 현혹할 방법들을 이미 알고 있었어도 그는 주님 앞에 서 있는 모세처럼 자신을 항상 돌아보고 자기의 무능을 인식하고 겸손하게 주님의 말씀을 듣고 서 있습니다.

바울은 고린도전서 15장에서 "나는 날마다 죽노라"고 했습니다. 십자가에 달린 그리스도를 통해 나타나는 하나님의 계시 앞에서 느끼는 인간의 한계를 드러낸 것이 약함이며 겸손함입니다. 이런 태도는 중요합니다. 사실 사람들은 처음에는 복음의 내용보다는 그 사람의 태도를 봅니다. '~하는 척'이 아닌 진실하고 겸비한 태도로 복음을, 하나님으로부터 시작한 그리스도의 사역과 그의 나라를 전해야 합니다.

다음은 지혜로운 말로 하지 않았습니다. 4절은, "내가 말을 하거나 설교를 할 때에도"(공동번역)라고 합니다. 바울이 전하는 복음적인 설교에 대한 이중적인 강조입니다. 바울이 복음 전하는 태도 중의 중요한 점을 "설득력 있는 언변을 사용하지 않고"로 표현합니다. 말로 사람의 마음을 얻으려는 설득적인 방법을 사용하지 않는다는 것입니다.

목회하는 교역자들 중에 말을 잘하고 적당한 순간에 감정을 드러내어 사람들의 마음을 얻으려고 하는 사람들이 있습니다. 그리고 사람들의 욕망을 대신 말해줍니다. 몇 년 전에 어떤 분이 골로새서 3:1절의 말씀을 하면서 "여러분의 비전을 이루는 말씀, 성도들의 꿈을 실현시켜 주는 말씀"이라고 설교하는 것을 들었습니다. 그 설교자의 목적은 복음 선포가 아니라 은혜를 가장한 성공 복음, 교양 복음을 전하는 것이었습니다. 인간의 교묘한 말솜씨는 사람들의 마음을 훔칠 수 있지만, 그 사람을 새롭게 하지는 못합니다.

설득력이 있는 지혜로운 말은 사람들의 고개를 끄덕이게 하고 아멘을 외치게 하지만, 결코 사람을 근본적으로 바꾸지는 못합니다. 요약하면, 약함 속에서 두려움과 떨림으로 전하고 사람들의 교묘한 말로 하지 않았습니다. 단순하지만 메시지가 알차게 들어있는 "그리스도의 십자가", "그가 하신 일"을 전해야 합니다.

복음을 전한 결과가 있습니다 2:4b-5

"성령의 나타나심과 능력으로 하여"(고전 2:4).

복음을 전하는 자가 두렵고 떨림 없이 자기를 높이는 말을 하면 능력은 나타나지 않습니다. 그러나 복음 전도자가 자기를 철저하게 낮추고 담대히 전하면 하나님의 영광이 나타나고 능력은 더 크게 보입니다. "성령의 나타나심"은 복음을 담대히 전할 때 듣는 자들의 마음을 움직여서 회개하고 복음에 대해 궁금해 합니다. 믿음을 가지도록 마음에 불을 일으켜서 자꾸 말씀을 들으려고 합니다. 질문하고 싶어집니다. 그래서 구원받도록 하는 능력이 나타납니다. 이것이 예수의 빛을 비춤 받는 것이고 성령의 세례를 받는 것입니다.

바울이 담대히 복음을 전했을 때 고린도 도시의 사람들은 하나님을 믿고 예수를 그리스도로 고백하여 삶이 변화되었습니다. 복음 증거의 결과는 예수를 그리스도라고 고백하고 삶의 양식이 완전히 변했습니다. 당시의 이런 변화는 놀라운 일이었습니다. 일상생활에서의 친절함과 희생과 사랑도 두드러졌지만, 황제의 요구와 그리스도의 제자도 사이에서 선택을 해야 할 때 성도들은 당연히 십자가의 그리스도를 선택했습니다.

그러므로 복음을 증거할 때 전도자의 기본적인 삶의 태도가 듣는 자들에게 큰 영향을 주었습니다. 먼저 성도들은 제국의 백성들과는 다른 길을 걸었습니다. 이방인들은 그 모습을 가까이서 지켜보았으며 적당한 기회를 얻어 복음의 핵심을 선포하면 성령의 역사가 나타났습니다.

성령의 역사와 능력이 나타나는 것은 사람들의 고백에서 분별하기 어렵습니다. 물론 그것이 선행되겠지만, 복음을 받은 사람들의 "삶의 지향성"에서 나타납니다. 그래서 전하는 자가 먼저 성령의 역사를 체험하지 못하고 삶의 역동적인 모습도 보여주지 못한 상태에서는 어떤 능력도 일어나지 않습니다. 바울은 자신이 분명히 예수의 빛에 비침을 얻었고 성령의 능력으로 자신이 새로운 피조물로 눈이 열리는 경험을 했습니다. 그래서 바울은 두렵고 떨리는 마음으로 복음을 전할 수 있었습니다.

나가는 말

바울은 고린도전서 1장에서 복음을 전할 때 하지 말아야 할 것에 대해서 강조했습니다. 17절에서는 말재주로 하지 말라, 22절에서는 헬라인들처럼 지혜를 구하지 말라고 하였고, 2장 4절에서는 설득력 있는 지혜로운 말로 복음을 전해서는 안 된다고 했습니다.

바울은 분명히 말합니다. 복음을 증거할 때 하나님이 주시는 방식으로 하는 것이지 사람들의 현명한 방식으로 해서는 안 된다고 했습니다. 데살로니가전서 1:5절은 어떻게 하나님의 말씀을 전해야 하는지 말씀합니다.

"그것은 우리가 여러분에게 전한 복음이 그저 말만으로 전해진 것이 아니라 능력과 성령과 굳은 확신으로 전해졌기 때문입니다. 우리가 여러분과 함께 있을 때에 여러분을 위해서 어떻게 살았는지 여러분이 잘 알고 있습니다."

복음 선포는 성령의 역사하심과 성령의 굳은 확신으로 전했을 뿐 아니라, 전도자가 어떻게 살고 있는지가 매우 중요합니다. 복음은 입으로가 아니라 삶으로 전해지는 것이기 때문입니다. 바울이 새사람으로 변했던 경험은 자기 자신에게서 나오지 않았습니다. 외부로부터 왔습니다. 주님이 찾아오셨고 성령 하나님의 능력의 역사가 그를 치유했습니다. 병을 치유한 것이 아니라 하나님을 알 수 있는 그의 인격과 마음을 치유했습니다. 우리는 그것을 은혜요 선물이라고 합니다. 하나님은 그리스도 안에서 믿음을 일으키게 합니다.

"누구든지 그리스도를 믿으면 새사람이 됩니다. 낡은 것은 사라지고 새것이 나타났습니다."(고후 5:17 공동번역).

믿음은 새사람을 만듭니다. 새사람은 그리스도를 온전히 신뢰하고 그에게 자신의 모든 것을 투신하게 만듭니다.

내가 새사람이 되었다는 것은 한 번의 결단으로 증명되지 않습니다. 계속해서 의지적으로 예수 그리스가 하신 말씀과 행동들을 신뢰하고 따르려는 마음의 결심을 날마다 하고 연습하고 삶에서 직접 실천해야 합니다.

인간의 철학과 화려한 말의 기술(수사학)을 가지고는 결코 하나님을 경험하거나 알 수 없습니다. 예수를 따르던 사람들이 예수의 말씀을 기억하고 믿고 기도했을 때 성령의 역사가 나타났습니다.

인간의 지혜와 교묘한 말과 계획된 퍼포먼스로 사람들의 마음을 일시적으로 사로잡을 수는 있지만 그런 복음(복음이라고 할 수도 없는)은 구원을 가져올 수 없고 근본적으로 사람을 변화시킬 수 없습니다.

자신이 가진 은사와 능력을 자랑하며 표적과 지혜만을 추구하는 고린도 교회의 교인들에게 성령의 이끄심을 따라 사는 삶을 살 때 성령의 능력과 나타나심을 직접 보여주는 것이 되며, 이것은 세상의 지혜나 교묘한 말잔치 또는 감정의 퍼포먼스로 되는 것이 아닌, 오직 예수 그리스도를 선포할 때 가능하며 그때부터 시작된다는 사실을 보여주고 있습니다.

하나님의 능력은 구원의 진리를 깨닫게 하는 능력이며 옛사람에서 새사람으로 변화시키는 능력입니다. 바울의 선포는 자기 말이나 자기 확신의 선포가 아니라 예수의 빛과 성령의 역사로 변화 받은 후에 하나님이 친히 새로운 창조물로 빚은 모습으로 선포한 복음입니다. 그러므로 선포한 바울도 복음을 듣는 자들도 모두 변했습니다.

우리 스스로 보기에도 우리는 부족한 면이 많고 지식도 그리 많지 않습니다. 바울의 고백대로 약합니다. 하나님 앞에서는 떨리며 두렵습니다. 그러나 우리는 복음을 전하려고 모였습니다. 복음에 대한 확신이 있기 때문에 우리는 삶의 현장에서 그리스도의 사람으로 살아가리라고 믿습니다.

겸손하게 자신의 한계를 보면서 더욱 하나님께 구하시기를 바랍니다. 복음의 순수함을 위해 우리들의 지혜를 포기하고 오직 성령의 능력으로 복음 전도를 하시기를 바랍니다. 내가 만났던 십자가의 그리스도, 나에게 생명의 힘을 주셨던 그리스도의 말씀을 선포하시기 바랍니다. 그리고 준비하시기 바랍니다.

신앙을 오래 가진 분들은 예수에 대해 이미 많이 알고 있습니다. 예수에 대해 더 많이, 더 깊이 알려고 노력하는 것도 중요합니다. 그렇지만 예수가 말씀하신 그 정신에 따라 그분의 말씀에 따라 교회를 만들어가야 합니다. 예수를 몰라서 그러는 것은 아니지 않습니까?

베드로전서 3:15~16절 말씀입니다.

"여러분의 마음속에 그리스도를 주님으로 우러러 모시고 여러분이 간직하고 있는 희망에 대해서 설명을 듣고 싶어 하는 사람들에게는 언제라도 답변할 수 있도록 준비해 두십시오. 그러나 답변을 할 때에는 부드러운 태도로 조심스럽게 해야 합니다. 여러분은 언제나 깨끗한 양심을 지니고 사십시오. 그러면 그리스도를 믿는 여러분의 착한 행

실을 헐뜯던 자들이 바로 그 일로 부끄러움을 당하게 될 것입니다. 아
멘."

08

성숙한 성도가 추구하는 하나님의 지혜

고린도전서 2:6-16

들어가는 말

고린도전서 1장에서 보여 주는 교회의 표면적인 문제는 분쟁의 문제였습니다(1:11, 12). 그러나 이면(안쪽)에 놓인 문제는 분쟁을 일으킬 뿐만 아니라 기독교의 복음을 훼손하고 그리스도 공동체를 무너뜨리는 문제들이 있었습니다. 이 문제를 해결하는 데 있어 바울은 그리스도의 십자가와 십자가의 도를 전하는데 성령의 능력이 나타나면 해결할 수 있을 것으로 생각했습니다.

바울은 고린도 교회의 성도들이 잘못 알고 있는 것들을 열거합니다. 그것들은 고린도전서 1:13절에 나오는 세 가지 질문에 있는데 이 질문은 교차대칭구조로 되어 있어서, 첫째 질문 "그리스도께서 어찌 나뉘

없느냐"는 3:1~4:12절에서 설명되고, 둘째 질문 "바울이 너희를 위하여 십자가에 못 박혔느냐"는 1:17b~2:16절에서 설명되고 셋째 질문 "바울의 이름으로 너희가 세례를 받았느냐"는 1:14~17a절에서 설명합니다. 물론 이 수사학적인 질문들에 대한 답은 모두 '그렇지 않다'입니다.

특히, 고린도전서 1:13절에 있는 둘째 질문에서 십자가를 언급하고 있는데 1:17b절 이하에서 십자가에 대한 언급이 등장합니다. 1:13b절 "십자가에 못 박혔느냐?"(1:13b) ; 1:17b절, "그리스도의 십자가", 1:18절 "십자가의 도", 그리고 1:23절, "십자가에 못 박힌 그리스도"로 나타납니다.

바울은 이 질문에 대한 답변에서 십자가에 못 박히신 분은 바울이 아니라 그리스도시고, 다만 십자가에 못 박히신 그분을 전하는 것뿐이라고 분명하게 말했습니다. 바울은 "말의 지혜로 하지 않음은 그리스도의 십자가가 헛되지 않게 하려 함이라(1:17)고 말하면서 다음에 이어지는 고린도전서 1:18~2:16절에서 더 설명하고 있습니다.

고린도전서 1:17, 2:1, 2:4~5절에서 말하고 있는 내용들을 보면-'말의 지혜, 말과 지혜의 아름다운 것, 설득력 있는 지혜의 말, 그리고 사람의 지혜'를 거절합니다.-바울은 수사학을 거절하는 것처럼 보입니다. 그러나 바울은 수사학 자체를 거절하는 것이 아니라 소피스트적인 수사학을 거절하는 것으로 보입니다. 소피스트들은 자기들의 이익을 위하여 웅변 기술을 개발하여 사람들의 마음을 얻으려는 목적이 있었기 때문이었습니다.

소피스트들은 말만 잘하면 그만이고 말이 전부라고 믿었습니다. 따라서 그들에게 수사학은 거의 만능에 가까웠고, 그들에게 수사학은 '설득의 장인'이나 '설득을 낳는 자'였습니다. 소피스트들의 입장에서 수사학은 '말을 잘하는 기술' 일뿐이었습니다. 바울은 듣는 사람들의 마음을 조작함으로 빠른 성공에 초점을 맞추고 진리 탐구에는 관심이 없었던 소피스트들의 말 하는 태도를 좋아하지 않았습니다.

그러나 바울은 전통적(classical, 아리스토텔레스의 수사학) 의미의 수사가였습니다. 그는 의도적으로 세련되지 않은 방법을 선택했습니다. 그 이유는 고린도 사람들의 신앙이 인간의 말의 능력이나 수사학적 기술이 아니라 하나님의 능력에 있음을 강조하기 위한 것이었습니다.[50]

그래서 바울은 말과 지혜의 아름다운 것으로 하지 않고 십자가에서 못 박혀 매달려 죽은 그리스도를 그대로 단순하게 전했습니다. 그렇게 말한 이유는 믿음으로 담대히 전하면 하나님의 능력이 나타남을 확신했기 때문입니다.

그런데 2장 1절부터 5절에서 언급하고 있듯이 아직 신앙이 어린 사람들에게는 예수님의 십자가와 부활 사건을 사실 그대로 그리고 어떤 면에서는 단순하게 전했지만, 이미 그런 단계를 지난 성숙한 사람들에게는 지혜롭게 전하지 않을 수 없었습니다.

---

50 Ben Witherington III, Conflict & Community in Corinth, (MI:Wm Eerdmans, 1995), 121~124.

표면적으로 드러난 십자가의 사건과 부활을 사실적인 면에서 설명할 수 있습니다. 그러나 십자가와 부활이 나와 교회 그리고 이웃에게까지 어떤 의미로 다가서는지에 대해서는 다른 방식의 차원이 필요하다고 생각합니다. 그것을 본문이 말씀하고 있습니다.

하나님의 진리인 참 지혜는 세상의 지혜와 분명하게 구별됩니다 2:6-9

> "그러나 우리가 온전한 자들 중에서는 지혜를 말하노니 이는 이 세상의 지혜가 아니요 또 이 세상에서 없어질 통치자들의 지혜도 아니요," (고전 2:6)[51].

바울이 고린도전서 2:1~5절에서 복음을 전파할 때 사람의 언변과 세상의 지혜의 말로 하지 않았다고 한 것은 그가 "지혜"에 대해 전혀 아무 말도 하지 않았다는 뜻이 아닙니다. 그는 "온전한 자들" 즉 성숙한 그리스도인이 이해할 수 있고 통하는 "지혜"를 말했다는 것입니다.

이 사람들은 온전히 신앙으로 가득 찬 삶을 삽니다. "성숙한 사람들"은 젖 먹는 어린아이에 비교되는 말로서 "자란 사람"이며 2절의 "너희 중에서"를 달리 표현한 것입니다. 그렇다면 3:1절의 "어린아이들"은 고린도전서 1:18~31절에서 바울이 선포한 지혜를 받은 자들입니다.

---

51 이하 고린도전서 2:7~16절까지 본문에서 사용하는 성경구절은 공동번역을 사용합니다.

온전한 성도들이 말하는 지혜는 세상의 지혜가 아니며 특히 통치자들의 지혜가 아닙니다. "세상의 지혜"는 특히 스토아 철학에서는 어떤 것에 있어서도 부족하지 않는 이성의 인도를 받는 지혜이며, 이성으로써 자신의 능력을 진단하고 한계를 긋는 냉철함에서 지혜를 찾을 수 있습니다. 참된 지식을 추구하는 영지(그노시스)는 신적인 지식을 통해 자신과 하나가 되는 지혜이며, 헬라의 영향을 받은 신비주의자들은 신성과의 접촉을 통해 온전함을 쫓는 것을 지혜라고 생각하였습니다.

"세상의 지혜"는 어떤 방법이든지 관계없이 자신을 성취시키는 기술이나 요령을 말합니다. 여기에는 웅변술, 선동적인 방법, 그리고 처세술과 교양과 삶의 지혜를 말합니다. 이성으로써 자신의 능력을 진단하고 한계를 긋는 냉철함에서 찾을 수 있습니다.

"통치자들의 지혜"는 로마 제국을 지탱시켜준 로마 황제가 가진 통치 이데올로기를 가리킵니다. 제국을 운영하는데 필요한 이데올로기를 만드는 지혜이며 제국을 확장시키는데 필요로 하는 자본과 군사력 등을 말합니다. 통치자들의 지혜는 사람들을 극도의 경쟁관계로 만들어서 서로를 파괴시킵니다. 물론 세상의 지혜가 필요하지 않은 것은 아닙니다. 그러나 세상적 지혜의 속성이 자신을 과장하게 하고 이념을 앞세우기 위해 만들어내는 지혜라는 사실입니다.

"온전한 자들 중에서 말하는 지혜는" 7절에서 하나님의 지혜이며 창조 이전부터 하나님이 감추어 두었던 지혜라고 합니다. 하나님의 지혜의 특징은 "은밀한 가운데 있고", "감추어졌던 것"입니다(secret and hidden). 그리고 6절의 "이 세상의 지혜"와 "통치자들의 지혜"와는 전적으로 다릅니다.

이 지혜의 특징이 "은밀한 가운데 있는 것"인데, 그 의미는 신비종교에서 말하는 신비스러운 비밀이 아닙니다. 제국주의의 지배하에 있는 민족을 구원하시는 하나님의 계획을 말하고 있으면서 역사가 완성 되는 종말에 관한 하나님의 섭리와 계획을 말하고 있습니다. 유대 묵시문학에서는 "지혜"를 하나님이 완성하시는 계획의 비밀과 동의어로 사용되었습니다. 따라서 1:2절의 "하나님의 지혜"가 2:6~8절에서 더욱 분명하게 되었습니다.

"감추어져 있는 것"의 의미는 이것입니다. 세상의 지혜를 강조하는 이 시대에서는 하나님의 구원 계획을 더구나 십자가에 못 박혀 매달린 예수를 그리스도로 고백하는 것이 하나님의 지혜라는 것을 사람들이 알 수 없습니다. 감추어져 있고 비밀에 쌓인 하나님의 계획을 아는 것은 그리스도인들의 특권입니다.

그러므로 7절의, "비밀(은밀한)로 싸인 하나님의 지혜"란 하나님께서 이미 작정하신 지혜로 아직 밝히 드러나지 않은 구원의 계획을 의미합니다. 그래서 바울은 이 지혜를 하나님께서 "만세 전에 우리의 영광을 위해 정하신" 것이라고 하고 "감추어져 있는" 것이라고 합니다.[52] 하나님께서 이미 정해놓으신 계획이 그리스도시고 십자가의 사역입니다.

고린도전서 1:21절에서 "하나님은 믿는 자들을 구원하시기를 기뻐

---

52 김세윤, 고린도전서 강해, (서울:두란노, 2008), 65.

하셨도다."라고 말하는 하나님의 지혜는 놀랍고 위대하신 하나님의 지혜이며 그것이 그리스도 안에서 이루어졌습니다(엡 1:4, "곧 창세 전에 그리스도 안에서 우리를 택하사 우리로 사랑 안에서 그 앞에 거룩하고 흠이 없게 하시려고").

"하나님의 지혜"가 세상의 지혜와 구별되는 것은 8절에서 "이 지혜는 이 세대의 통치자들이 한 사람도 알지 못하였나니"라고 말하고 있습니다. 통치자들은 자기의 욕망을 추구하는 통치술과 백성들을 다스리려고 시행하는 정치기술에 지혜를 사용하고 있습니다. 그들의 무지는 예수를 십자가에 못 박히게 하는 것에서 발견할 수 있습니다. 사도행전 3:17절의 베드로의 설교(너희가 알지 못하여서), 사도행전 13:27의 바울의 설교(선지자들의 말을 알지 못하므로)에서 하나님이 미리 정하신 계획의 성취로 나타납니다.

하나님의 구원의 계획을 세상의 통치자들이 알지 못하였으나 지금 하나님에 의해 십자가에 못 박힌 예수가 "영광의 주로" 나타났습니다. 세상의 통치자는 더 이상 백성들을 자기 마음대로 권력을 행사하여 다스릴 수가 없습니다. 이제 주님께서 종말론적인 통치자로 하나님에 의해 세워지셨습니다.

이것은 고린도전서 1:30절에서 언급한 예수의 십자가에서 죽으심이 개인적인 의로움과 거룩함 그리고 구속함에 머무르고 있지 않습니다. "그리스도의 십자가"와 "십자가의 도"의 의미가 점차 확대되어 가고 있음을 바울은 본문에서 밝히고 있습니다.

이사야 선지자는 일찍이 하나님이 그분을 사랑하는 자들을 위해 예비하신 일을 인간이 전혀 이해하지 못할 것이라고 예언했습니다(고전 2:9, 사 64:4, 65:17 참조). 눈으로 본다고 깨닫는 것도, 귀로 듣는다고 다 이해하는 것도 아닙니다. 마음의 눈이 열려야 보이고, 마음의 귀가 열려야 들립니다. 하나님의 지혜가 그렇습니다. 하나님의 지혜는 인간의 지혜와 달라서 보고도, 듣고도, 생각을 넘어서서 더 깊이 있는 사람의 마음을 가지고도 완전히 이해할 수도, 따라 할 수도 없습니다.

> "그러나 성서에는, '눈으로 본 적이 없고 귀로 들은 적이 없으며 아무도 상상조차 하지 못한 일을 하느님께서는 당신을 사랑하는 사람들을 위하여 마련해 주셨다.'라는 말씀이 기록되어 있지 않습니까?"(고전 2:9, 공동번역).

바울은 고린도전서 8:3절, "또 누구든지 하나님을 사랑하면 그 사람은 하나님도 알아주시느니라."와 로마서 8:28절, "우리가 알거니와 하나님을 사랑하는 자 곧 그의 뜻대로 부르심을 입은 자들에게는 모든 것이 합력하여 선을 이루느니라."에서 "하나님을 사랑하는 자"라고 반복하고 있습니다. 하나님은 자신을 사랑하는 사람들을 위하여 준비해 놓으신 것이 바로 이 축복입니다. 하나님을 사랑하는 사람은 구약에서뿐만 아니라 바울의 신학에서도 매우 중요한데, 하나님을 사랑하는 사람을 기독교인이라고 부르게 된 것입니다.

그렇다면 인간이 어떻게 하나님과 그분의 지혜를 알 수 있을까요? 바울은 그것을 하나님이 자기를 사랑하는 자들을 위해 예비해 놓으신 것이 있어서 알 수 있다고 말하고 있습니다.

참 지혜는 성령에 의해 드러납니다 2:10-13

> "하느님께서는 그 지혜를 성령을 통하여 우리에게 나타내 보이셨습니다. 성령께서는 하느님의 깊은 경륜에 이르기까지 모든 것을 다 통찰하십니다."(고전 2:10, 공동번역).

세상의 지혜나 통치자들의 지혜로는 하나님의 구원의 계획을 알 수 없습니다. 예수 그리스도를 통해 개인과 이웃 사회 그리고 세상을 구원하시려는 하나님의 구원의 계획은 하나님의 지혜이기 때문입니다.

그런데 이것을 알 수 있는 자들은 6절에서 "우리는 신앙생활이 성숙한 사람들에게는 지혜를 말합니다." 즉, 성숙한 사람만이 알 수 있는 지혜입니다. 세상과는 구별되는 지혜여서 세상의 지혜를 추구하는 자들은 듣고 보기는커녕, 생각하지도 못 합니다.

십자가에 못 박힌 예수가 그리스도시며 인류를 구원하실 메시아임을 알 수 있는 유일한 길은 하나님을 사랑하는 자들에게 주시는 하나님의 선물인데, 하나님으로부터 오신 성령이 우리를 찾아오셔서 우리

가운데 역사하시고, 우리의 알지 못했던 눈을 열게 하셔서 성령으로 하나님의 구원 계획을 드러내셨기 때문에 알 수 있는 것입니다.

왜냐하면, "성령께서는 하느님의 깊은 경륜에 이르기까지 모든 것을 다 통찰하십니다."라고 했기 때문입니다. 성령은 분명히 성부 하나님과 구분되는 분입니다. 성령은 "하나님의 지혜를 계시해 주시는 분"입니다. 오직 성령을 통하여 하나님의 지혜를 알 수 있는 통로가 되는 것입니다. 성령은 특히 하나님의 깊은 경륜을 알고 있습니다. 하나님이 이전에는 드러내시지 않았지만 이제는 성령을 통해 계시해 주신 하나님의 지혜-십자가의 그리스도를 통한 개인과 이웃 그리고 세상의 구원-를 알게 되었습니다.

바울은 10절의 "우리"라는 표현으로 바울 자신과 고린도 교회의 공동체의 성령의 영을 받은 자들로 온전한 신자이기를 바라고 있습니다. 교회 안에서 지혜 추구를 우선적으로 하는 자들이 하는 행동은 성령을 받지 못한 자들의 모습이기 때문에 성령의 사람이 최우선적이어야 한다는 사실입니다.

> "사람의 생각은 그 사람 속에 있는 마음만이 알 수 있듯이 하느님의 생각은 하느님의 성령만이 아실 수 있습니다."(고전 2:11, 공동번역).

인간의 마음이나 일, 속생각은 자기 자신만이 알 수 있는 것처럼 하나님의 마음도 하나님만이 알 수 있습니다. 하나님의 영은 세상의 영과는 다릅니다. 고린도 교회의 성도들이 황홀경에 빠지는 것만을 생각하는 잘못이 있기 때문에 하나님의 마음을 아는 성령은 성령의 역할이 무엇을 하는 것인지 알려주려는 의도가 있었다고 볼 수 있습니다. 고린도 교회의 교우들이 가진 잘못된 지혜, 한쪽에 치우친 영성, 그리고 자랑을 하는 과도한 은사에 빠지게 되어서 그들에게 바른 복음을 전달하기 위해서는 성령의 역사가 하나님과 깊이 관련이 있음을 알게 하려는 의지가 있었습니다.

그러므로 성령을 통해 하나님의 지혜를 듣고 보고 깨닫는 사람들은 온전한 자들이 되어야 하는 것입니다. 하나님의 깊고 신비한 섭리를 알기 원한다면 "그리스도의 도"를 깨달아 살게 하는 성령을 받아야 하는 것입니다.

> "우리가 받은 성령은 세상이 준 것이 아니라 하느님께서 주신 것입니다. 그래서 우리는 하느님께서 우리에게 주시는 은총의 선물을 깨달아 알게 되었습니다."(고전 2:12, 공동번역).

성령을 받아야 하는 목적이 있습니다. "하나님께로 나온 영"은 "이 세상의 지혜"를 알게 하는 "이 세상의 영"과는 반대로 하나님의 지혜를 알게 하기 때문입니다.

세상의 영이 무엇인지는 다양하게 생각해 볼 수 있습니다. 하나님의 영과 대비되는 영으로 수사적인 표현으로 보기도 합니다. 편만한 '우주 영/정신'(cosmic spirit, 티슬턴)으로 보고 있고, "스토아철학에서 영(pneuma)은 우주에 편재하고 우주론적, 인간학적 요인과 결합되어 있다고 했고, 헬라적 유대교에서는 '인간에게 친근한 영'이라고 하고 이것이 사람의 내면성의 모든 자극, 모든 사고를 관찰할 수 있고 땅의 영역을 채우고 있는 신의 영이 사람에 의해 말해진 말을 알 수 있다고 표현했다."(전경연)고 합니다. 어떤 사람들은 사단의 영, 인간의 지혜의 영(타락한 인간이 가진 지혜의 힘)이라고 하며, 6절의 이 세상의 지혜와 유사한 것으로 생각하기도 합니다.

세상의 영은 이것이다라고 특정 지을 수 없지만 하나님의 영과 반대되는 생각과 행동을 의미합니다. 이런 자들이 교회 안에 있기 때문에 분쟁과 분열 그리고 싸움이 일어나고 그리스도의 몸인 교회가 찢어지는 아픔을 겪는 것입니다.

이 영을 가진 자들은 십자가에 달리신 그리스도 안에서 계시된 하나님의 지혜를 이해하지 못한 상태라고 여길 수 있습니다(본인들은 아니라고 하지만).

바울은 성령께서 가르치신 것으로 말하고 있음을 밝히고 성령의 계시를 받은 자신이 어떤 방식으로 복음을 전하고 있는지를 진술합니다. 그는 "사람의 지혜가 가르친 말"이 아니라 오직 성령께서 가르치신 말로, 성령의 사람들에게 성령에 관한 것들을 해석한다고 말하고 있습니다. 그렇게 하는 이유는 영적인 것은 영적인 것으로 분별할 수 있기 때문이라는 것이다.

그러면 우리는 누구의 지도를 받고 믿고 살아가야 하는가?

고린도전서 2:10절에서 성령님은 하나님의 구원의 지혜를 계시해 주시고 13절에서 성령님은 가르쳐 주시는 분입니다. 성령이 계시해 주시는 대로 하나님의 경륜 속에 있는 예수를 우리 주 그리스도로 믿고 성령이 가르쳐 주시는 방식 대로 살아가면 되는 것입니다.

이것을 바울의 "성령의 인식론"이라고 말할 수 있습니다. 개인과 교회 공동체가 공통적으로 삶의 기초로 삼고 유지하는 성령을 기본으로 인식하는 "성령의 인식론"의 근거를 13절에서 찾을 수가 있습니다.

> "우리는 그 은총의 선물을 전하는 데 있어서도 인간이 가르쳐주는 지혜로운 말로 하지 않고 성령께서 가르쳐주시는 말씀으로 합니다. 이렇게 우리는 영적인 것을 영적인 표현으로 설명합니다."(고전 2:13, 공동번역).

이러한 인식론을 통해 바울은 엘리트적인 세상 지혜의 인식론을 거부하고 성령께서 새로운 삶을 살도록 의지를 주신다는 것을 확신하고 있습니다. "개인을 온전케 하고" "우리인 교회 공동체(세상 안에서의 교회 공동체)"를 만들 수 있는 것은 세상의 지혜가 아니라 성령에 의해 복종당하는 성도가 될 때 가능합니다.

또한 개인에서 공동체로 점진적으로 발전해 나아가는 "성령의 인식론"은 하나님의 영이 몸에 거주하여 공동체에도 그 역할을 가능하게 함으로써, 신자 개인이 인식의 기초인 주체적인 자아를 중심으로-성령님의 인도로- 사회에서 하나님의 뜻에 맞게 실천하게 합니다.

왜냐하면, 근래 한국 기독교 목사와 교인들의 몰지각한 언어와 행태를 보면 과연 그들이 성령의 인도함을 받는 사람들인가 하는 의구심이 듭니다. 바울은 오해와 수치심을 당할 정도로 어려움을 겪었지만 성령의 사람으로서의 품위를 잃지 않았습니다. 그는 몸가짐을 바로 하였으며, 때로는 갈라디아서에서 복음에 어긋난 성도들에게 거친 언사를 사용했지만 천박한 언어를 사용하지 않았습니다. 물러설 줄 아는 사람이었고, 사랑하는 마음으로 성도들을 깊이 사랑하는 사람이었으며, 사랑의 마음을 갖고 편지를 썼던 글의 사람이었습니다. 그의 판단력은 또한 지혜로웠습니다. 그의 마음은 서반아로 가서 선교하는 것이었지만 성령의 인도를 받아 순종하여 멈추고 오히려 옥에 갇히는 고통을 겪기도 했습니다.

이렇게 할 수 있는 이유는 바울의 인식 기초가 "영적인 인식"을 하고 있었기 때문입니다. 13절에서 "우리가 이것을 말하거니와"에서 "이것"이란 하나님이 주신 은혜의 선물을 가리킵니다. "이것"을 분별하고 설명하는 일은 오직 성령이 하시는 일입니다. 육은 결코 영의 세계를 이해할 수도, 설명할 수도 없습니다. 하나님의 사람은 바로 그 영을 받아서 그 영의 지혜로 가르치고 말해야 합니다.

누구든지 그리스도의 영이 없으면 그리스도의 사람이 아니기 때문입니다. 성령의 지혜로 설명하는 것을 받아들이는 사람 역시 결과적으로는 영에 속한 사람입니다. 육에 속한 사람은 영에 속한 일들을 이해할 수도, 받아들일 수도 없습니다.

요즘 인터넷이나 방송에 등장하여 마치 한국 교회를 이끌어가는 선지자처럼 보이려는 목사들이 여럿 보이지만 그들이 성령의 사람이 아닌 것은 분명합니다. 보수주의자로 자칭하면서 온갖 요설과 교묘한 지혜의 말을 마구잡이식으로 쏟아내지만, 보수가 지향하는 형식적인 미가 없습니다. 언어도 천박합니다. 바른 몸가짐도 없습니다. 인식 자체가 무지합니다. 지도자 중의 한 사람이 기자회견에서 밝힌 언어들도 개념 정리가 안 된 상태에서 마구잡이로 쓰고 있습니다.

무엇보다 영적인 인식론자들은 자신의 부족함을 처절하게 깨닫는 사람입니다. 바울은 이렇게 말했습니다. "지금은 내가 거울로 보는 것처럼 희미하다"고 말입니다. 그는 하나님의 나라를 보고 온 사람입니다. 그럼에도 바울은 내가 아는 것이 아니라 성령님이 계시해 주시고 가르쳐 주셔야 알 수 있다고 고백합니다. 바울의 에토스와 파토스가 다 드러나고 있는 고백이기도 합니다.

그런데 문제를 일으킨 교회 지도자들(교계의 지도자들)에게는 이런 고백이 없습니다. 오직 보이는 건 더러운 탐욕과 욕심이 보입니다. 진리를 위해 투쟁하는 것 같지만 화해의 예수를 따르지 못하고 분열의 영을 쫓습니다. 자신들이 영적인 최고점에 있는 구루처럼 말하지만 실상은 비어있습니다.

그러나 영적인 인식론자들은 분별할 줄 압니다. 이것은 판단력과 관련이 있습니다. 14절에서 말하고 있습니다.

하나님의 지혜는 영적인 사람들이 어떤 사람인지 특징 지어 줍니다 2:14-16

영적인 사람들은 하나님의 지혜인 하나님의 구원에 관한 복음을 깨닫고 생활에 적용하며 삽니다. 육에 속한 사람은 하나님의 영의 것들을 받아들이지 않습니다.

> "그러나 영적이 아닌 사람은 하느님의 성령께서 주신 것을 받아들이지 않습니다. 그런 사람에게는 그것이 어리석게만 보입니다. 그리고 영적인 것은 영적으로만 이해할 수 있으므로 그런 사람은 그것을 이해하지도 못합니다."(고전 2:14, 공동번역).

여기에서 바울은 "육에 속한 사람"(혼적인 사람, 혹은 영적이지 않은 사람)과 "영적인 사람"(2:15, 3:1)을 대조시킵니다.

육에 속한 사람을 "psychic person[53]"이라고 할 수도 있습니다. 이 사람들은 그 시대의 지혜를 쫓는 사람입니다. 어린아이에 머물러 있어서 하나님의 영이 주시는 선물을 알 수 없습니다. 그래서 어리석게만

---

53 리차드 호슬리, 고린도전서, 박경미 옮김, (서울:대한기독교서회, 2019), 61.

보입니다. 이런 사람들은 그리스도에게 속해있지 않기 때문에 자연적으로 주어지는 인간의 생명 수준으로 살아갑니다.

안타깝지만, 이 사람들은 성령이 하는 일을 어리석다고 생각합니다. 영적 인식을 할 수 없는 자연인이기에 영적 인식을 하려고 해도 안 되는 사람입니다. 그래서 이런 사람들은 문제를 일으키고 불화를 만들고 공동체를 분열시키는데 열심을 다하지만 본인은 잘 모릅니다. 영적이지 않은 사람은 영적인 일을 분별할 수 없습니다.

> "영적인 사람은 무엇이나 판단할 수 있지만 그 사람 자신은 아무에게서도 판단 받지 않습니다."(고전 2:15, 공동번역).

그러나 영적인 사람은 모든 것을 판단할 수 있습니다. 영에 속한 사람은 성숙한 영의 사람이기에 하나님이 주시는 은혜를 이해하며 하나님의 영으로 분별할 수 있습니다. 그리고 바른 판단을 할 수 있습니다. 영에 속한 사람은 모든 것을 아는 사람이기에 그렇습니다. 교만의 의미가 아닙니다.

영에 속한 사람은 "십자가의 그리스도"가 모든 것의 중심이 되기 때문에 세상의 지혜에 기초한 잘못된 판단을 피하는 분별력을 가진 사람입니다. 특히 지도자들이 보여주는 지혜와 지식을 따라 판단하지 않습니다.

영적인 사람들은 죄인인 자신들을 예수 그리스도의 십자가 사건을 통해서 구원해 주신 하나님 앞에서 하나님의 은혜를 의식하며 판단하기 때문에 남의 판단을 의식하지 않습니다. 이것도 교만이 아닙니다. 이런 성도들은 이미 삶에서 십자가의 제자도를 실천하는 화해와 위로 그리고 평안의 사람이기 때문에 육에 속한 사람들은 영의 인식을 하는 사람들을 배척하거나 조롱 또는 시기 질투합니다. 영적 인식을 하는 성도들은 하나님 앞에 서 있는 자기 자신을 너무나 잘 알고 있습니다.

16절에서 바울은 이사야 40:13~14절을 인용합니다. "누가 야훼의 뜻을 좌우할 수 있었으며 좋은 의견으로 그를 가르칠 수 있었느냐? 누가 과연 그에게서 자기를 깨우쳐달라고, 올바른 인생길을 가르쳐달라고, 현명한 처세의 길을 가르쳐달라고 부탁을 받았느냐?"라고 하지만, 우리는 그리스도의 생각을 알 수 있습니다. 이사야는 인간은 하나님을 제대로 인식할 수 없지만 바울은 그리스도를 알고 있는 것이 영적인 인식론자들의 특징이라고 말하고 있습니다.

예수 그리스도가 누구이며, 그가 무슨 말을 했으며, 어떤 행동을 하였고, 왜 그리고 어떻게 십자가에 달리셨는지, 사흘 만에 부활하셨는가에 대해서 아는 것은 세상의 지혜가 아니라 하나님의 성령이 주시는 지혜로 가능하다는 점에서 영적인 인식입니다. 그리고 이러한 인식은 공동체와 세상으로 점점 확대되어 발전해 갑니다.

좀 더 구체적으로 좁히면 "그리스도의 마음"은 십자가를 지시기까지 순종하신 마음입니다. 빌립보서 2:5~8절에서 이렇게 말씀하십니다.

"너희 안에 이 마음을 품으라. 곧 그리스도 예수의 마음이니 그는 근본 하나님의 본체시나 하나님과 동등 됨을 취할 것으로 여기지 아니하시고 오히려 자기를 비워 종의 형체를 가지사 사람들과 같이 되셨고 사람의 모양으로 나타나사 자기를 낮추시고 죽기까지 복종하셨으니 곧 십자가에 죽으심이라."

예수님이 지신 십자가의 원리를 바로 인식하고 살아간다면 천박한 말장난이나 공동체와 사회를 분열시키는 행위를 할 수가 없습니다. 주님의 마음은 십자가의 마음이며 "영적 인식론"의 출발점입니다. 그래서 온전한 자들 또는 하나님의 지혜를 추구하는 자들은 철저하게 성령의 인도함을 받습니다. 이것은 황홀경에 빠진 열광주의자들의 모습이 아닙니다. 세밀하게 로고스에 기초한 지적인 반성과 철저하게 자아를 십자가에 복종시키는 방식으로 합니다.

나가는 말

하나님으로부터 나온 성령에 의해 인식하고 행동하는 사람들은 바울이 말하는 지혜를 이해하고 삶에 적용시킬 수 있는 성도들입니다. 그러나 실제는 달랐습니다. 고린도 교회 성도들과 지도자들의 행동은 성령의 인식을 하는 사람들이 아니었습니다. 그들의 실제 삶은 "십자가의 그리스도"가 이루신 복음 속에 드러난 하나님의 지혜를 온전히 받아들인 사람들이 아니었습니다. 그 증거는 분쟁과 분쟁을 상습적으로 일으키는 모습에서 드러나고 있습니다. 이런 사람들이 있는 곳은 한 번도 평화로운 적이 없었을 것입니다. 늘 시끄럽습니다.

하나님이 주시는 "주님의 마음"은 성령의 능력으로 분쟁을 일으키고 세상에 해악을 끼치는 사람들을 새롭게 하실 수 있습니다. 하나님의 영은 죽은 사람을 살아 움직이게 하십니다. 너무나 잘 알고 있어서 판단 받을 수 없다고 하는 '자기도취형'이나 '자기 과시형'의 자만과 오만에서 벗어나는 길이 있습니다. 성령의 역사가 그들을 그리스도의 마음을 알게 하고 이해하도록 이끄실 때 자신을 살펴보고 반성할 때 가능합니다.

누가 뭐라고 해도 예수 그리스도 그분을 더 알기 위해 정진해야 합니다. 선동하고 외치고 정확한 의미도 모른 체 비난하거나 그 비난에 동조해서도 안 됩니다. "예수 그리스도"(예수 그리스도의 마음)는 하나님이 주신 모든 지혜입니다. 우리가 추구하고 연구해야 할 지식과 지혜의 근원입니다. 이것을 위해 겸손히 무릎을 꿇고 "우리가 어찌해야 하는지"(행 2:38~40) 성령님께 묻고 구해야 합니다. 나를 구성하는 지성, 감정, 의지, 지식, 마음 등 모든 것이 뿌리째, 근원적으로 성령에 의해 변화를 받아야 합니다. 아멘.

고린도전서

3장

09

영적으로 살지 않는 자들의 정체

고린도전서 3:1-5

들어가는 말

사도 바울은 13개의 서신을 썼습니다. 우리가 읽고 공부하는 고린도전서도 바울의 서신들 중의 하나입니다. 바울이 보낸 서신들은 편지의 형식입니다. 편지 형식은 발신자와 수신자를 밝히고 인사말을 적어 놓습니다.

인사말은 보통 서신에서 핵심적으로 중요한 부분은 아닙니다. 편지에 있어서 중요한 부분은 전달하고자 하는 메시지에 있습니다. 그러나 바울이 사용하는 인사말을 보면 단순한 의미를 넘어서 자기가 전달하고자 하는 의도를 담고 있다고 생각합니다. 인사말의 기본 형태를 보면 다음과 같습니다.

로마서 1:7절의 경우는 "로마에서 하나님의 사랑하심을 받고 성도로 부르심을 받은 모든 자에게 하나님 우리 아버지와 주 예수 그리스도로부터 은혜와 평강이 있기를 원하노라."라고 인사를 합니다.

고린도후서 1:1절에서는 "하나님 우리 아버지와 주 예수 그리스도로부터 은혜와 평강이 있기를 원하노라."라고 인사를 합니다.

그리고 고린도전서 1:3절에서는 "하나님 우리 아버지와 주 예수 그리스도로부터 은혜와 평강이 있기를 원하노라."라고 인사를 합니다.

위의 인사말에는 동사가 없습니다. 그러나 문장을 이루는 데는 아무런 문제가 없습니다. 문장에서 나타나는 기원의 의미를 내포하고 있음을 독자들은 알고 있습니다. 인사말을 이루는 핵심 단어는 "은혜"와 "평강"인데 이것에 하나님과 예수 그리스도를 명확하게 언급하므로 유대교의 관례적인 인사말과 헬라인들의 인사와도 구별된 그리스도교의 정체성을 나타내서 앞으로 전개할 본문에 영향을 미치도록 하려는 의도가 있음을 보여준 인사말입니다.

바울은 인사말에 이어 성도의 정체성이 무엇인지 분명하게 말하는데, "평강"과 "은혜"를 주시는 그리스도 안에서 거룩해진 자들을 성도라고 부릅니다. 즉 고린도전서 1:30절에서 예수로 말미암아 의로워지고 거룩하게 되었고 구속함을 받은 자들이 성도라는 사실입니다.

성도의 정의는, 기적을 추구하는 유대인들의 표적 신앙과 지혜를 최고의 가치로 여기는 헬라 철학이 아니라 십자가에 달린 예수를 그리스도로 고백하고 믿고 받아들인 사람을 성도라고 합니다. 그 사람들은 그 증표로 모두 세례를 받았습니다.

세례의 의미는 로마서 6:4절의 "그러므로 우리가 그의 죽으심과 합하여 세례를 받음으로 그와 함께 장사되었나니 이는 아버지의 영광으로 말미암아 그리스도를 죽은 자 가운데서 살리심과 같이 우리로 또한 새 생명 가운데서 행하게 하려 함이라."라는 말씀처럼 주님과 합하게 되며, 주님과 함께 장사되며 그리고 새 생명 가운데 행하는 것입니다.

여기서 새 생명 가운데 행하는 것이 매우 중요합니다. 새로운 삶을 살겠다는 다짐입니다. 사도 바울의 말처럼 세례는 이전의 나는 예수와 함께 죽고, 예수께서 부활하신 것처럼 우리도 새로운 생명을 얻어서 새로운 삶을 살겠다는 다짐입니다.

사도행전을 보시면 베드로가 했던 이야기가 나옵니다.

"베드로가 이르되 너희가 회개하여 각각 예수 그리스도의 이름으로 세례를 받고 죄 사함을 받으라. 그리하면 성령의 선물을 받으리니"(행 2:38).

베드로는 그리스도 중심의 설교를 했고 그 설교를 듣고 예수 그리스도의 이름으로 세례를 받은 사람은 성령을 받았습니다. 베드로가 말씀하는 세례의 의미는 새 생명을 얻는 새 출발로서의 세례입니다. 그 중심에 그리스도의 말씀을 믿는 것과 성령의 임재가 핵심입니다. 누구든지 예수의 이름을 고백하고 세례를 받으면 새 생명이 생겨 새로운 창조물로서 새 출발이 시작됩니다. 예수 그리스도의 마음을 새롭게 가지게 되었다는 의미입니다.

오직 부르심을 입은 자들에게는 오직 예수 그리스도 만이 능력이 되고 지혜가 되고 자랑이 됩니다. 그래서 바울이 예수 그리스도와 십자가의 그리스도를 전했을 때에 성령이 나타나고 능력이 되었습니다. 성령의 능력 즉 성령의 세례와 성령의 충만함을 입은 성도에게는 성령께서 가르치는 것으로 세상의 지혜를 분별할 수 있습니다.

그러나 성령의 사람이 아닌 육에 속한 사람이 고린도 교회 안에 있다는 것입니다. 이런 사람들은 하나님의 성령의 일을 받지 않을뿐더러 성령의 사람들을 어리석게 봅니다. 그리고 성령의 사람들이 하는 일들을 알지 못합니다. 그런 사람들을 한마디로 말한다면, "그리스도의 마음"을 가지지 못한 사람들입니다.

그렇지만 본인들은 그렇지 않다고 생각하고 행동합니다. 그런 사람들은 마음속으로 자기의 생각을 확신하고 확신은 믿음으로 이어져 자신들이 고린도 도시에서 이루어 놓은 삶의 성과들을 자랑하며 교회를 이끌어 가려고 합니다.

본문이 말하는 것은 인간이 영으로 이루어졌냐 육으로 이루어졌냐라고 하는 인간의 영과 혼 그리고 육에 대한 3분설(영, 혼 육), 2분설(영, 육), 또는 1분설(몸)을 말하는 것이 아니라 인간이 살아가는 방식에 대한 차이를 말하고 구별합니다. 즉, 본문에 의하면 모든 인간이 영과 육신으로 이루어진 것은 똑같은데(2분설에 의하면) 어떤 사람은 영적인 방식으로 살아가고 또 어떤 사람은 육적인 방식으로 살아간다는 것입니다.

성도들은 사도 바울이 주는 축복의 인사말에 따라 우리 주 예수 그리스도의 은혜와 평강을 받아 공동체와 이웃 그리고 세상에 전해 주어야 할 사명이 있습니다. 자신과 공동체 그리고 세상을 향한 인식(worldview)의 근원은 "성령의 인식론"이며 성부, 성자, 성령의 삼위일체 하나님의 관계가 완전한 사랑과 흘러넘치는 기쁨으로 이루어졌듯이, 사도 바울은 삼위일체 하나님의 사랑이 공동체에도 가장 근원이 되기를 바라는 마음에서 서신을 쓰고 있습니다.

그런데 지금 고린도 교회는 그렇게 하지 못하고 분열과 찢어짐의 위기에 있습니다. 바울은 이것을 성령의 인식에서 비롯된 것이 아니라고 합니다. 바울은 그런 사람들을 "육신에 속한 자"라고 하며 "영적이지 않은 사람"이라고 합니다.

공동체를 헤치고 분열을 일삼는 사람들을 영적으로 성숙하지 못한 자라고 말하고 있습니다. 과연 그런 자들의 모습이 어떤지를 살펴보겠습니다.

그들은 어린아이와 같고 단지 젖을 먹는 자입니다 3:1-2

바울은 고린도전서 2:1절에서 "그리고 나는"(And I)이라고 말한 것처럼 3:1절에서 똑같이 자신을 지칭하면서 "형제들과 자매들"이라고 부르고 있습니다. 당시의 로마 사람들은 피를 나누거나 입양을 한 형제가 아니면 이런 호칭을 사용하지 않았습니다. 바울이 '나와 형제들과 자매들'이라는 용어를 사용하고 있는 것은 공동체를 가족으로 여겼고 가족 가운데서 일치를 보지 못하는 것을 조율하려는 가장의 역할을 염두에 두었다고 봅니다.[54]

"영적 인식"을 근본으로 여기며 생활하는 신자들의 공통점은, 비록 공동체가 분열할 정도로 위기에 있어도 신자들은 기본적으로 신적 본질인 "사랑"을 가지고 대하고 풀어나가야 한다는 것입니다. "사랑"은 자기 몸을 죽음으로 하나님의 말씀에 순종한 그리스도의 마음과 태도입니다. 하나님은 내어주심의 사랑이고 그리스도는 피하고 싶은 잔이지만 하나님의 뜻이기에 완전히 순종하심의 사랑이었습니다.

바울은 고린도 교회의 성도들이 이런 모습이기를 바라는 마음에서 고린도전서 1장의 인사말에서부터 성도들을 축복하고 강력한 호소를 하고 설득과 선포를 하면서 문제를 일으키는 지도자와 성도들이 성령의 사람들이 되기를 원했습니다.

그렇지만 성도들은 그렇지 못했습니다. 그래서 바울은 그들을 "여러분에게 영적인 사람을 대할 때와 같이 말할 수가 없어서 육적인 사람, 곧 교인으로서는 어린아이를 대하듯이 말할 수밖에 없었습니다."라고 고린도 교회의 성도들을 표현하고 있습니다.

---

54 Bruce W. Winter, After Paul Left Corinth, (MI:Wm Eerdmans, 2001), 70.

먼저, "영적인 사람을 대할 때"의 이 사람은 그리스도를 믿음으로 세례의 의미를 분명히 알고 성령의 역사로 자신의 존재가 완전히 변화된 사람입니다. 그리고 성령의 가르침을 구체적으로 찾고 공동체의 유익을 위해 자신의 이익을 포기할 줄 아는 성도입니다.

"육적인 사람"은 육의 욕망을 따라 살아가는 사람이라는 의미입니다. "육적인"(사르크티노스)은 육체/살/몸(사르크스)의 형용사로 '육에 속한'이란 뜻입니다.[55] "이 세상의 지혜를 따르는" 것처럼 세상적인 방식으로 사는 자를 말합니다. 마음과 삶의 방향이 세상을 향해 있다는 뜻입니다.

"육적인 사람"을 "어린아이"를 대하듯이 한다는 것은 그들이 가진 마음과 행동이 성숙하지 못한 어린아이와 같다는 뜻입니다. 고린도 교회의 성도들은 예수를 믿는 것으로 보이지만, 사실은 어린아이들의 특징이라고 말할 수 있는 것들, 즉 서로 시기하고 질투하고 뒷말하고 패거리 짓고 합니다. 무엇보다 어린아이들은 부분적으로 사고하고 충동적으로 행동할 수 있습니다. 자기 자신만의 세상을 그리고 자기의 작은 세상에 갇혀있는 폐쇄성이 있습니다.

사실 이런 특징은 연령에 따라 구분되지 않습니다. 나이가 많은 사

---

55 바울은 이 용어를 3:1a절의 '프뉴마티코스'(신령한, 영적인)와 대조하여 사용한다. '사르키노스'는 신약성경에 4번 사용되었다. 바울은 이와 비슷한 표현으로 '프쉬키코스'(육에 속한)를 사용하기도 했다(참조, 2:14). 이 단어는 신약성경에 다섯 번 사용되었는데, '정욕적'이라는 야고보서의 번역이 이 용어의 이해에 도움이 된다. 바울은 고린도전서에서 계속 '프뉴마티코스'를 '프쉬키코스'나 '사르키노스'와 대조한다(2:15; 3:1; 14:37; 15:44, 46). 이 구절에서는 '~처럼', '똑같이'라는 뜻의 '호스'가 두 번이나 사용되었다.

람도 공부를 많이 한 사람도 이기심이 가득하고 자기만의 세상에 갇혀 삶을 꿰뚫어 보지 못하는 사람이 있습니다. 이렇게 설교하는 저도 성령에 의해 마음이 완전히 transformation 되어서 십자가의 그리스도를 성숙하게 이해하지 못하면 어린아이일 수 있습니다. 자아에 사로잡혀 있으면 자기 삶의 중심을 바로 보지 못합니다. 자기의 마음을 새롭게 하려는 의도적인 노력이 필요하다는 의미입니다.

스스로를 성숙하고 영적인 사람이라고 생각하는 그들에게, 바울은 "미안하게도 당신들은 성숙하지 못하고 육신적이고 어린아이와 똑같습니다"라고 말하고 있는 것입니다.

바울은 2절에서 이렇게 표현합니다. "나는 여러분에게 단단한 음식은 먹이지 않고 젖을 먹였습니다. 여러분은 그때 단단한 음식을 먹을 수가 없었던 것입니다. 사실은 아직도 그것을 소화할 힘이 없습니다."

바울이 교회를 개척하고 전도되어 온 사람들이 자기의 소피스트적인 지식을 자랑하고 유대교의 전통적 믿음을 자랑하지만, "그리스도의 도"를 전혀 이해하지 못한 자들이었습니다. 이들이 믿음으로 예수를 "우리 주 그리스도"라고 고백은 하고 있지만, 실제는 자신의 문화적 종교적 정치적 배경에 영향을 받는 자들이었습니다. 완전히 "Worldview Change"(패러다임 쉬프트)가 일어난 사람들이 아니었습니다. 그래서 부분적으로 알 수밖에 없었고 흔히 말하는 "교회 생활"의 초보자들이었습니다.

바울은 이들을 향해 어른이 먹는 음식을 소화하지도 못하는 성도여서 어른이 먹는 음식을 먹일 수 없었고 따라서 아이들이 먹은 "젖"을 먹였다는 것입니다. 바울은 성도들의 성장과 성숙을 음식을 먹는 어린아이들의 성장 과정처럼 비유합니다. 바울은 고린도전서 1:3절에서 "하나님 우리 아버지"에서 아버지의 이미지와 본문에서 바울이 젖을 먹이고 성도들을 돌보는 자애로운 엄마의 상을 말하고 실제로 사역을 통해 사도의 사역의 본질이 무엇인지 보여주고 있습니다.

신약에서 하나님의 말씀과 진리들이 음식으로 표현되었습니다.

공동번역 베드로전서 2:2절입니다.

"갓난아이처럼 순수하고 신령한 젖을 구하십시오. 그러면 그것으로 자라나서 구원을 얻게 될 것입니다."

공동번역 히브리서 5:12~14절 말씀입니다.

"여러분은 벌써 오래전에 남을 가르치는 사람이 되었어야 할 터인데 하느님의 말씀의 초보적 원리를 남에게서 다시 배워야 할 처지입니다. 단단한 음식을 먹지 못하고 아직도 젖을 먹어야 할 형편입니다. 젖을 먹어야 할 사람은 아직 어린아이이니 옳고 그른 것을 분별할 능력이 없습니다. 그러나 성숙해지면 단단한 음식을 먹게 됩니다. 성숙한 사람은 훈련을 받아서 좋고 나쁜 것을 분간하는 세련된 지각을 가지고 있습니다."

고린도 교회 성도들에게 "하나님의 지혜"로 표현하는 십자가의 그리스도를 중심으로 시작하는 하나님 나라의 복음을 가르칠 수 없었습니다. 히브리서의 말씀처럼, 말씀으로 인한 거듭남, 말씀의 체험이 없는 어린아이 신앙인들에게는 쉽게 설명할 수밖에 없었다는 사실입니다. 그래서 이들은 영적인 그리스도인이지만 실제로는 아직 영적 인식을 하지 못하는 성도들입니다. 바울은 이런 사람들에게 어머니처럼 음식을 먹이고 성장하고 성숙하게 하려고 합니다(사 28:9).

그들은 지금도 육적인 생활을 하고 있습니다 3:3

고린도전서 3:3절은 말합니다. "여러분은 지금도 육적인 생활을 하고 있기 때문입니다. 여러분이 서로 시기하고 다투고 있으니 여러분은 아직도 육적인 사람들이고 세속적인 인간의 생활을 하고 있는 것이 아니고 무엇이겠습니까?"

고린도전서 3:1절의 "육신에 속한 자"는 영적인 것이기보다는 "육적인 면"을 말하고 있고 3절에서는 1절과 다르게 윤리적인 면에서 "육신에 속한 자"라는 것입니다. 그러나 동의어로 보는 것이 맞습니다.

교회의 성도는 스스로 생각하기에 음식의 단계로 치면 어른이 먹을 수 있는 아주 단단한 음식을 소화시킬 수 있다고 생각한 것 같습니다. 그러나 바울은 그들을 "육적인 생활"을 하고 있다고 평가절하 합니다.

마치 이런 겁니다. 제가 중학교 때, 친구 집에서 여자 중학교 동창에게 철학(쇼펜하우어를 읽었거든요)을 좀 이야기했는데 아마 방에서 어떤 어른이 들었던 것 같습니다. 나오며 하시는 말씀이 "네가 하는 말이 다 맞는 것은 아니다."라고 하면서 몇 가지를 이야기해 주셔서 매우 창피했던 적이 있었습니다.

'왜 여러분이 육적인 생활을 하고 있는가?' 그 이유는 성도들이 "시기하고" "다투고" 그리고 "세속적인 인간의 생활을 하고" 있기 때문이라고 합니다.

이들의 "시기"와 "다툼"은 서로 지식이 뛰어나다고 여기고 영적으로 우월하다고 자랑하는 지도자들을 중심으로 멈추지 않고 계속 진행되어 교회가 그물처럼 찢어질 위기에 놓이게 했기 때문입니다.

"시기"(젤로스, jealousy)는 어린아이의 전형적인 특징인데 본문에서는 부정적인 의미로 사용되었습니다. 무엇인가를 얻으려고 다투고 싸우는 것입니다. 갈라디아서 5:13~26절에도 비슷하게 나옵니다. "육체의 행위는 명백하게 드러납니다. 그것은 다툼과 시기와 화내는 것과"라고 자세히 언급하고 있습니다.

로마서 1:29절에서는 시기를 인간의 죄악의 모습으로 말합니다. 시기는 상대가 없으면 존재하지 않습니다. 대립 의식과 비교의식에서 나오는데, 상대방에게 갖는 감정입니다. 그렇다면 이들은 서로를 인정하지 않는 경쟁의식이 교회를 병들게 하고 있다고 봅니다.

필연적으로 시기는 "다툼"(에리스, Strife)으로 이어집니다. "다툼"은 고린도전서 1:11절에서 "다투고(분쟁)"로 나오는데 교회의 중심 문제임을 이미 바울은 말했습니다. 특히 상대방을 부정적으로 비교하고 자기가 상대보다 더 뛰어나다는 점을 내세우기 위해 시기하고 다툼이 일어나게 됩니다.

로마서 13:13절 말씀을 보십시오.

"진탕 먹고 마시고 취하거나 음행과 방종에 빠지거나 분쟁과 시기를 일삼거나 하지 말고 언제나 대낮으로 생각하고 단정하게 살아갑시다."(공동번역)

또 고린도후서 12:20b절 말씀도 보십시오.

"나는 여러분 가운데 혹시 서로 다투거나 시기하거나 성을 내거나 자기 속만 채우거나 남을 욕하거나 험담을 일삼거나 거만을 떨거나 난동을 부리거나 하는 일이 있지 않을까 염려합니다."(공동번역)

그렇다면 이들의 문제는 개인적으로는 영적인 믿음을 고백하고 스스로는 성숙한 자라고 여기지만 관계에 있어서는 영적 인식을 하지 못하는 어린아이이고 미성숙한 모습의 성인이라고 볼 수 있습니다. 이런 사람들을 성도라고 부르기에는 매우 부적절하다고 생각합니다. 이런 자들은 하나님과의 신실한 관계를 입버릇처럼 반복하지만, 실상 하나님과는 관계없는 자기 이익을 추구하는 소피스들, 웅변가들, 삯꾼 목자들 같은 삶을 추구하는 자들입니다.

비록 자신들이 하나님과의 관계에서는 영적 지식을 체험하여 성공적인 신앙생활을 하는 것처럼 보이지만 이웃과의 관계에 실패하여 시기와 다툼으로 얼룩진 성도는 성숙하다고 할 수 없고 영적인 사람이라고는 더더욱 인정할 수 없습니다. 그들은 교회에 나오지만 아직은 '교회 다니는 정도의 사람'입니다. 이런 사람들이 교회의 직분자가 되어 지도자로 세움을 받으면 반드시 육적인 방식인 세상의 지혜로 하나님의 공동체를 이끌어 갈 것입니다.

분열의 중심에는 교회 지도자가 있습니다 3:4-5

"도대체 아폴로는 무엇이고 바울로는 무엇입니까? 아폴로나 나나 다 같이 여러분을 믿음으로 인도한 일꾼에 불과하며 주님께서 우리에게 각각 맡겨주신 일을 했을 따름입니다."(고전 3:5 공동번역).

바울은 교회에서 지도자가 필요 없다고 하는 것이 아니라 지도자의 본질과 특성에 대해서 말씀하고 있습니다. 3:4절에서 바울과 아볼로 두 사람을 언급하는 것으로 볼 때 앞에서 말씀했듯이 고린도 교회의 실제적인 분파적 양상은 4개의 분파가 아니라 2개의 분파임을 생각해 볼 수 있습니다.

교인들은 지도자 두 사람을 전면에 내세워 자신들의 이익을 위해 시기하고 다투고 있습니다. 그러나 바울은 서로 상대방을 시기하고 다투는 그룹의 지도자는 영적인 자가 아니라고 말합니다. 그들은 자신을 자랑하므로 상대방을 깎아내리고 결국 나뉘게 되는데 이런 모습은 이 시대의 세상적인 가치 기준으로 판단하고 행동하는 모습입니다.

그래서 이것은 신학적인 다툼이 아니라 권력 다툼입니다. 상대방을 깎아내리고 지도자를 추앙하고 자랑하는 것은 세상의 지혜이지 하나님의 지혜가 아닙니다. 그런 곳에는 진실한 성령의 능력은 나타나지 않습니다. 뛰어난 은사를 가지고 있어도 그리스도의 "사랑"과 "마음"이 없는 은사는 울리는 꽹과리에 불과합니다. 위선적인 몸짓에 불과할 뿐입니다.

그러므로 두 지도자는 교회의 주인이 아닙니다. 성도들을 자기 마음대로 자기 이익을 위해 사용할 수 없습니다. 지도자들이나 성도들 모두 하나님의 종입니다. 일꾼입니다.

종과 일꾼은 주인의 말에 오직 순종해야 하고 주인의 마음에 맞게 행동해야 합니다. 일꾼은 자기의 일을 하는 것이 아닙니다. 일꾼은 주님께서 맡겨주신 일을 해야 합니다.

바울과 아볼로에게 맡긴 일꾼의 일의 본질은- 주님이 주신 일, 하나님 나라의 사역-같습니다. 다만, 사역의 방식은 그들의 성향에 따라 다를 수 있습니다. 주님이 맡긴 일은 좋고 나쁜 일도 없습니다. 다만 충성

만이 있습니다.

일꾼인 지도자와 일꾼인 성도들은 같은 형제입니다. 그러니 시편 133:1절의 "보라, 형제끼리 한마음으로 함께 사는 것이 얼마나 좋고 즐거운고!"라는 말씀에 합당하도록 서로를 위해 전심전력하고 성령의 인도하심으로 실천해야 할 것입니다.

나가는 말

고린도 교회의 성도들은 열정을 가지고 교회를 세우려고 했지만, 인간적인 권위에 대해 찬양과 추종으로 이어졌습니다. 이것은 마침내 배타적인 당파의 문제로 확대되었음을 우리는 보았습니다.

바울은 교회의 지도자들과 따르는 성도들은 "일꾼"임을 말하면서 일꾼은 "섬기는 자"이고 복음 사역의 도구이고, 맡은 자의 사명에 충성해야 하며, 사람에게 충성하는 것이 아니라 하나님께 충성하고 섬김으로 자신의 신실함을 하나님께 보여 주는 것이 하나님의 역사를 이루는 것이라고 권면하고 있는 것입니다.

교회의 본래 모습을 상실하게 하는 지도자들과 성도들에게 당신들의 행동은 믿음의 본질을 망각하는 것이고 그리스도의 도를 훼방하는 것과 같으므로 지도자들은 분명히 자기들의 정체성을 확인하라고 선포하고 있습니다. 이들이 지금 보이고 있는 모습은 허약한 믿음이고 영적인 가난입니다. 그래서 그들은 성령에 순종하지 않고 육적인 상태로 살아가고 있습니다.

영적으로 높은 경지에 있고 지식적으로도 박식하고 똑똑해서 너무나 공동체를 사랑하여 이런 말도 하고 저런 행동도 하지만 결국 공동체에 상처를 남기는 리더들을 종종 봅니다. 목사들 중에서도 부임해서 가는 곳마다 교회를 깨뜨리고 교회의 목사를 자주 교체하는 교회는 목사와 리더 그리고 성도들은 반드시 자신이 벌거벗은 모습을 보지 못하고 있는지 생각해 보는 영적인 여유가 있었으면 좋겠습니다(그렇게 할 수 있을지 의문이지만).

조나단 에드워즈는 회심과 구속에 있어서 전적인 성령의 주권을 강조했습니다. 사람이 회심할 때에 영혼은 새로운 본성으로 변하고 영적인 원리와 하늘에 대한 감각을 소유하게 된다고 했습니다. 인간의 본성이 변화되어 거룩하게 되는 것이 회심이라고 하였습니다.[56]

그렇다면 고린도 교회에서 분쟁과 다툼의 문제를 일으키는 자들은 자신들을 대단한 영적 소유자라고 여기지만 사실은 어린아이 수준에 있는 자들입니다. 성령의 역사로 변화되었다고 하지만 아직은 육신에게 더 지배당하는 자들입니다. 우리는 이 말씀을 들으면서 내가 교회 다툼에 일조하지 않았는지 반성하며 기도해야 합니다.

성도 여러분! 공동체로서 교회는 자연인과 사귐을 목적으로 모인 단체가 아닙니다. 그리스도께 부름 받은 사람들의 사귐입니다. 성도들과

---

56 이상웅, "조나단 에드워드 성령론," 총신대학교 대학원 박사 논문, (2009), 154.

의 사귐은 그리스도의 마음이 중심이 되어 교제가 이루어져야 합니다. 그렇지 않으면 인간의 육적 욕망이 슬며시 숨어들어와 영적인 힘을 빼앗거나 무시하게 해서 교회의 기반을 무너뜨립니다.

교회는 개인 신자부터 영혼의 변화와 영적 결핍에서 벗어나야 합니다. 다시 모여 예배하며, 뜨겁고 온 마음을 다하는 찬양을 올리고, 기도와 말씀으로 메마르고 냉랭했던 마음이 변화되어 하나님을 향한 영적 믿음의 불꽃이 튀는 사람으로 변화해야 합니다. 하나님을 향한 믿음을 각성하여 교우들과 이웃과 세상을 섬기는 겸손한 성도들이 되었으면 좋겠습니다.

10

사역자는 하나님의 종입니다

고린도전서 3:5-9

들어가는 말

사도 바울은 고린도전서 1장부터 4장까지 교회의 하나 됨에 대하여 다섯 개의 논증을 통해 교회가 일치와 조화 그리고 하나님의 평강이 존재하는 하나님의 공동체가 되기를 소망하고 있습니다. 바울은 이것을 위해 "예"를 들고 있습니다. 좀 더 구체적으로 말씀드리면, 첫째, 1:10~17, 둘째, 1:18~2:5, 셋째, 2:6~3:4, 넷째, 3:5~23, 다섯째, 4:1~21입니다.[57]

이것을 "교회의 하나 됨"의 목적에서 본다면, 고린도전서 1:13절, "그리스도께서 어찌 나뉘었느냐? 바울이 너희를 위하여 십자가에 못

---

57 리처드 A. 호슬리, 고린도전서, 박경미 옮김, (서울:대한기독교서회, 2019), 63~83.

박혔으며 바울의 이름으로 너희가 세례를 받았느냐?"에서 제기하는 3개의 질문에 대한 답변을 교회에 제시함으로써 고린도 교회의 성도들이 가지고 있는 잘못된 생각을 바로잡으려고 하고 있습니다.

3개의 질문은 다음과 같습니다. "그리스도께서 어찌 나뉘었느뇨?"(3:1~4:21에서 그리스도의 종들은 많지만 그리스도는 한 분이라고 논증함), "바울이 너희를 위하여 십자가에 못 박혔느냐?"(1:17b~2:16에서 십자가에 못 박힌 분은 그리스도라고 논증함), 그리고 "바울의 이름으로 너희가 세례를 받았느냐?"(1:14~17a에서 바울의 이름으로 세례를 받지 않음으로 논증함)에 대해 서로 질문과 답변이 맞물리는 구조로[58] 설명하고 있습니다.

특별히 위의 호슬리가 예를 들었던 세 번째와 네 번째의 논증이 들어있는 3장은 교회가 하나가 되어서 성숙하게 자라가는 모습이 무엇인지 우리에게 보여주고 있습니다.

그중에서 오늘 우리가 읽은 본문은 고린도전서 1:13절의 첫 번째 질문인 "그리스도께서 어찌 나뉘었느뇨?"를 설명하고 있는 것 중에서 앞장에 이어 두 번째 부분입니다(3:1~9절이 한 개의 본문인데 여기서는 두 개로 나누어 설교합니다.). 당연하게 그리스도께서는 나뉘지 않으셨고 나뉜 것은 그리스도가 아니라 그의 사역자들이며, 그것도 독립적으로 나뉜 것이 아니라 사역의 역할이 나뉘었지만, 하나님을 위한 동역자들

---

58 배종열 논문, "고전 1~4장 구성," 개신논집, 제14호., 2015. 9., 53~77에서 'chiasm'을 말하고 있음.

이라고 논증하고 있습니다.

그런데, 고린도전서 3:1~5절에서 말씀드렸듯이 "영적 엘리티즘"이 문제를 일으켰습니다. 고린도 교회에서 분쟁과 다툼의 문제를 일으키는 자들은 자신들을 대단한 영적 소유자라고 여기지만 사실은 어린아이 수준에 있는 자들입니다. 성령의 역사로 변화되었다고 하지만 아직은 육신에 의해 더 지배당하는 자들이었습니다.

이런 사람들을 본문에서는 육신에 속한 자라고 언급합니다. 그들은 세상적인 행동을 지배하는 세상적인 사고방식을 닮아가려고 하고 있기 때문에 너희들이 영적으로 은사를 가졌다고 하면서 어떻게 세상적인 생각을 하고 있느냐고 바울은 책망하고 있습니다.

즉, 교회의 지도자들과 따르는 자들은 교회의 존재 목적과 복음 선포자들에 대한 올바른 이해를 가지고 신앙생활을 한 것이 아니라, 사람들이 가지고 있는 지혜나 은사를 가진 것을 자랑스럽게 여기고 자랑하면 더 큰 열매를 맺고 존경을 받으리라는 세속적인 가치관에 의해 지배당하게 되었습니다.

본문은 이런 잘못된 이해를 가진 자들이나 오해를 하는 자들, 그리고 '영적 엘리티즘'에 빠진 자들을 위해 바울이 "바로잡기" 위한 논증을 하고 있습니다. 논증을 위해 3장에서는 3가지의 이미지가 사용이 되었습니다. 농사짓는 이미지, 건축 이미지 그리고 성전 이미지입니다. 본문은 농사짓는 이미지가 나옵니다.

하나님은 자신의 일을 맡겨주셨습니다 3:5-6a

개역개정은 고린도전서 3:5절을 "그런즉 아볼로는 무엇이며 바울은 무엇이냐 그들은 주께서 각각 주신 대로 너희로 하여금 믿게 한 사역자들이니라."라고 번역했습니다. 공동번역은 "도대체 아폴로는 무엇이고 바울로는 무엇입니까? 아폴로나 나나 다 같이 여러분을 믿음으로 인도한 일꾼에 불과하며 주님께서 우리에게 각각 맡겨주신 일을 했을 따름입니다."라고 번역했습니다.

NIV는 "What, after all, is Apollos? And what is Paul? Only servants, through whom you came to believe- as the Lord has assigned to each his task."라고 번역했고, NRSV는 "What then is Apollos? What is Paul? Servants through whom you came to believe, as the Lord assigned to each."라고 번역했습니다. NA 28은 "Τί οὖν ἐστιν Ἀπολλῶς; τί δέ ἐστιν Παῦλος; διάκονοι δι' ὧν ἐπιστεύσατε, καὶ ἑκάστῳ ὡς ὁ κύριος ἔδωκεν."입니다.

몇 개의 번역들을 살펴보았습니다. 중요한 단어는 "사역자, 일꾼, servants, διάκονοι" 그리고 "각각 주신 대로, 맡겨주신 일, assigned, ἔδωκεν"입니다.

먼저 "사역자, 일꾼, servants, διάκονοι"를 살펴보겠습니다. 이 표현은 바울서신에서 자기의 정체성을 나타내는데(self-disignation) 일반적으로 사용되었습니다(롬 1:1, 고후 6:4, 갈 1:10, 엡 3:7, 빌 1:1, 골 1:7,

23, 25, 4:7, 12, 딤전 4:6, 딤후 2:24, 딛 1:1). 여기서 말하는 '일반적'이라는 표현은 종이라고 하면서 행동은 우월의식을 갖고있는 종을 말하는 것이 아닙니다. 단어의 뜻 그대로 종으로 생각하고 종으로 행동함으로써 자기를 나타냈다는 뜻입니다. 다른 사도들도 바울처럼 자신을 '종'으로 표현했습니다(약 1:1, 벧후 1:1, 유 1:1, 계 1:1, 15:3, 19:10, 22:9).

본문에서 바울은 "종"이라는 표현을 두 번 썼습니다(5절은 servant, 9절에서는 fellow workers를 사용). 바울은 이 단어를 자기의 지위를 나타내는 것으로 사용했고 평행되는 단어로는 "steward"(청지기)를 4:1절에서 사용했습니다. 바울이 사용한 이 단어는 '주인의 재산을 맡아서 운영하는 종이며 책임 있게 관리하는 자'라는 뜻입니다.

"노예는 철저하게 주인에게 종속된 존재였습니다. 노예들은 명령에 복종하고 주인이 시킨 일을 완수하기 위해 적극적으로 자신의 능력을 발휘하는 노예가 주인으로부터 인정을 받았습니다. 그들은 자기의 일을 통해서 주인을 만족시키고 자신의 존재가치를 입증했습니다. 그래서 직업이 있는 노예들은 다른 노예들과 달리 자부심을 가지고 있었습니다."

이 단어를 9절처럼 "동역자"라고 사용을 한다면, 역할에 대한 다른 의미가 있는데, 하나님의 통치와 지도 아래에서 함께 일하는 사역자를

---

59 로버트 넵, 99%의 로마인은 어떻게 살았을까? 김민수 옮김, (서울:이론과 실천, 2011), 191 이하.

뜻한다고 볼 수 있습니다.[60]

아볼로와 바울은 누구의 종이며 누구의 통치를 받는 사역자들인가? 당연히 고린도전서 1:1절의 "예수 그리스도"입니다. 주님은 사역을 주실 뿐만 아니라 사역을 수행하도록 해 주시는 분입니다. 이 사역은 개개인에게 맡겨주신 일입니다. 하나님께서 하나님의 일을 각각의 개인에게 특별히 주신 일입니다. 그래서 3:6a절에서 "나는 심었고 아볼로는 물을 주었으되"라고 하는 것입니다.

마치 건물을 지을 때 일하는 사람들의 전문적인 분야가 각각 다르고 그 분야에서 잘해야 하고 각자가 맡은 일을 잘 맞추어서 하면 건물이 완성되듯이 종이든지 동역자든지 각자는 자신의 일을 하도록 하나님으로부터 받았습니다. 바울과 아볼로는 같은 분야에서 다른 부분들의 일을 하도록 주님의 권위 아래 일을 맡았습니다.

그런데 바울은 "나는" 심었다고 "나"를 강조합니다. 바울은 교회를 처음 시작한 개척자입니다. "심었다"(to plant)와 "물주다"(to water, literally give to drink, cf. 3:2)의 이미지는 6, 7, 8절에서 서로 병치(접속사를 사이에 두고 대상들이 균형을 이루어 나열된 것) 되고 있습니다.

바울이 심었다는 것을 이유로-즉 교회를 개척한 처음 시작한 사람-기득권을 주장하지 않는다는 것입니다. 바울이나 아볼로 둘 다 하나님으로부터 각기 다른 소명을 받았다는 것입니다. 소명을 수행하도록 하나님으로부터 은사를 받았습니다. 그리고 소명을 받아 은사로 교회를

---

60 Gordon D. Fee,, The First Epistle to the Corinthians, (Mi:Wm.B.Eerdmans, 2014), 134.

성숙시켜 나가는데 서로 간에 경쟁의식을 가질 필요가 없다는 의미입니다. 경쟁자가 아니라 하나님의 통치권 아래에서 하나님의 도구로 사용되는, 즉 함께 일하는 일꾼이라는 것입니다.

그래서 이 두 사람은 물론이고 이 두 사람을 따르는 성도들도 섬김으로 교회를 이끌어가고 봉사해야 합니다. 성도들이 믿음을 가질 수 있도록 섬겨야 합니다. 헬라 사회에서는 식사와 관련해 웨이터를 뜻하는 말이 있습니다. 고대사회에서 식사할 때 주인과 종의 구별이 뚜렷이 나타났습니다. 상전은 긴 옷을 차려입고 식탁에 기대어 있고, 하인은 띠를 두르고 시중을 들었습니다. 식사의 시중을 들던 사람들이 'diakonos'(하인)였습니다.

이 섬김의 중심은 부르심을 받은 소명에 따라 순종하는 태도를 동시에 요구하고 있습니다. 십자가의 그리스도에서 볼 수 있는 한 사람의 일생입니다. 바로 고린도전서 2:16절의 "그리스도의 마음"에서 나오는 순종과 섬김(servanthood)입니다.

그리고 섬김은 서로 연대하는 공동체성을 강조합니다. 구약의 하나님께서 백성을 섬기는 자로 이스라엘의 가난한 백성들을 돕고 보호하십니다. 또한, 하나님의 섬김에 의존하는 사람들은 서로 섬기는 모습으로 공동체가 강력한 모습으로 연대하도록 이끌어 갑니다. 그래서 바울은 서로 섬김으로 연결된 "solidarity"(연대감)의 중요성을 강조하고 있습니다.

영적인 인식론과 주님의 마음을 기반으로 하는 영적인 공동체는 실제적인 삶의 필요를 외면하고 같은 이름으로 주일 예배만 드리는 공동체와는 다릅니다. 그런 공동체는 오래가지 못합니다. 사람들은 일정 기간 친구가 될 수 있지만 결국에는 갈라서게 됩니다. 공동체가 지속하려면 어떤 영적인 경험보다 훨씬 더 깊은 토대가 있어야 합니다. 그것은 서로 하나 되길 힘쓰고 사랑하는 가운데 서로서로 먼지가 되도록 섬기는 절대 섬김과 절대 희생의 연대감이 절실히 필요합니다.

하나님은 사역에서 열매를 맺게 해 주십니다 3:6b-7

> "오직 하나님께서 자라나게 하셨나니, 그런즉 심는 이나 물 주는 이는 아무것도 아니로되 오직 자라게 하시는 이는 하나님뿐이니라."(고전 3:6b~7).

식물을 심는 농사짓는 이미지는 구약 이사야서에 나옵니다(사 41:19, 44:3~4, 60:21). 바울은 이것을 유용하게 사용하고 있습니다. 하나님이 사막에 이스라엘을 심으셨듯이 바울은 이방 세계에 교회를 심었습니다. 이것은 바울의 의지로 된 것이 아닙니다. 하나님의 성령이 역사하셔서 된 것입니다.

그렇다면 성장과 성숙이라는 결과는 비록 바울이 심고 아볼로가 물을 주었다고 해도 실제로는 하나님이 역사하셔야 자라날 수 있다는 의미입니다. 성장은 좋은 기술이나 방식으로 자라는 것이 아닙니다. 자라나는 것은 하나님의 은혜가 주어져야 합니다.

심고 물을 주는 사람의 역할을 무시하는 것이 아니지만, 자라나게 하시는 하나님과 비교하면 별것 아니라는 말입니다. 왜냐하면, 하나님의 주권적 영역에 해당하는 것이기 때문입니다. 그렇다고 해서 적당히 하고 게으르게 해서도 안 됩니다. 부름받은 소명자의 태도는 이것을 알고 있는 것이 중요합니다. 즉 성장의 근원이 사람에게 있는 것이 아니라 하나님에게 있다는 원리입니다.

이런 원리를 잘 모르는 영적인 아이인 고린도 교회 성도들은 특정한 사도를 좋아하고 그에게 속해 있는 것을 자랑하고 있습니다. 오늘날 교회 안에서도 제자훈련을 하면서 특정 교역자의 제자를 만들려고 하고 직분자를 만들려고 하는 것을 봅니다. 교회 안에서의 훈련은 철저하게 세상과 자기가 소속해 있는 곳에서 말씀과 믿음으로 섬기는 그리스도인이 되게 하는 것이 목표가 되어야 합니다.

헤이즈의 말대로, "현장에 먼저 왔던 바울은 고린도 교회를 심었습니다. 그리고 나중에 왔던 아볼로는 자라는 곡물에 물을 주었습니다, 그러나 이들은 각기 하나님께서 맡기신 과업을 수행한 것뿐입니다. 따라서 둘 중 누구도 자신의 권리로 어떤 무엇이 되지 못합니다. 그들의 노력이 하나님의 지시와 능력 주심을 떠나서는 아무런 소용이 없기 때문입니다.[61]"

---

61 리처드 B. 헤이스,고린도전서, 유승원 역, (서울:한국장로교출판사, 2006), 107.

교회에서 일하는 사역자들은 시키는 대로 할 뿐입니다. 씨가 생명을 얻어 열매를 맺게 하는 일에는 전적으로 무력한 존재들입니다. 씨가 생명을 얻어 열매를 맺게 하는 것은 하나님의 성령의 신비한 능력에 의해 이루어집니다. 바울은 6~7절에서 두 번씩 언급하고 있습니다. 살아 있는 신앙 공동체 속에 복음의 말씀이 뿌리를 내리고 싹을 내 자라게 하시는 분은 하나님이십니다.

내가 한다고 하는 주인의식은 필요하지만 내 것이라는 소유권을 주장하는 것은 교만한 것이고 내가 마음대로 할 수 있다는 것은 오만한 생각입니다. 이것이 교회 공동체를 깨뜨리고 하나님의 몸을 찢는 죄입니다.

우리에게는 성실하고 충성스럽게 맡은 일을 하는 신실함이 필요합니다. 이것을 항상 내 의식 속에 두어야 합니다. 필요할 때마다 꺼내어 쓰는 것이 아닙니다. 생활화되어 있어야 합니다. 몸과 마음에 새겨야 합니다. 나는 하나님의 종이라는 의식을 가지고 성도들과 연대하는 사역을 해야 합니다.

"오직 하나님께서 자라나게 하셨나니"에서 '자라게 하다'는 하나님이 모든 사역의 근본이시며(참조 22~23절), 교회의 생명과 성장은 오직 하나님의 소관이라는 것을 나타냅니다. 사역자들이 상이한 활동을 아무리 훌륭하게 수행해도 하나님이 생명 주셔서 자라게 하지 않으시면 헛수고가 된다는 뜻입니다.[62]

---

62 조병수, 고린도전서 어떻게 읽을 것인가?, (서울:성서유니온, 2015), 65.

그러므로 현재의 사역이 작아도 자신을 무능하다고 하거나 환경을 탓하지 마십시오. 모이는 숫자가 적어도 하는 일이 없어 보여도 지금 나에게 맡겨진 일에 충성하시기 바랍니다. 내가 있는 곳에서 열심을 다하시기 바랍니다. 그리고 언제 어디서 새로운 사역이 시작될지 모르기 때문에 부르실 때에 바로 일할 수 있도록 완전히 갖추는 훈련을 계속하시기 바랍니다. 하나님께서 사역을 할 수 있도록 능력을 주실 줄로 믿으시기 바랍니다. 열매는 하나님께서 맺게 해 주실 것입니다.

하나님은 종들에게 상을 주십니다 3:8

> "심는 이와 물 주는 이는 한 가지이나 각각 자기가 일한 대로 자기의 상을 받으리라."(고전 3:8).

심는 이와 물주는 이는 서로 다른 직업이지만 일을 한다는 것에서는 한 가지 즉 똑같습니다. 서로 한 가지 목적을 향해 각기 다른 소명으로 일을 합니다. 이들은 서로 경쟁할 이유가 없습니다.

부름 받은 성도들이 준비하고 마음에 새겨 둘 것은 한 가지 목적을 위해 교회가 존재한다는 사실입니다.

그것은 골로새서 1:20절에서 "그의 십자가의 피로 화평을 이루사 만물 곧 땅에 있는 것들이나 하늘에 있는 것들이 그로 말미암아 자기

와 화목하게 되기를 기뻐하심이라."라고 말씀했고, 골로새서 1:13절에
서는 "그가 우리를 흑암의 권세에서 건져내사 그의 사랑의 아들의 나
라로 옮기셨으니."라고 말했습니다. 이처럼 예수 그리스도의 평강과
은혜는 성도들에게 존재의 의미와 사역의 의미를 되새기게 합니다.

예수 그리스도가 세운 나라를 위해 교회 공동체는 경쟁과 자본의 논
리가 아니라 연대와 공공의 선을 위해 심고 물을 주고 다듬는 사역을
신실하게 해야 할 것입니다.

그런데 종종, 교회 안에서 적대적인 관계가 생깁니다. 직분 때문에,
선교회의 사람(임원) 때문에, 그리고 눈에 보이는 활동적인 사역들로
인해서, 그리스도의 십자가의 피로 인해 형제자매가 된 성도들이 서로
에게 창을 겨누는 안타까운 일들이 벌어집니다.

로렌스 형제는 21세가 되던 1635년에 스웨덴과의 랑베르빌러
(Rambervillers) 전투에서 다리에 심한 부상을 입고 전역했습니다. 이
일로 인해 그는 평생 다리를 절었습니다. 이것을 계기로 그는 하나님
을 찾기 시작했고, 이 세상의 나라를 위한 군인이 아니라 "거룩한 직
업, 즉 예수 그리스도의 깃발 아래에서 전투하는 일에 종사"하기를 갈
망했습니다. 그래서 26세인 1640년, 파리에 소재한 맨발의 가르멜 수
도회 평신도 수도자로 입회했습니다.

그는 신학 교육을 받지 않았기 때문에 1642년에는 평수도자로 임
명을 받았습니다. 그는 수도자의 생활을 하는 동안 "부활의 로렌스"
(Laurent de la Résurrection)란 별칭을 얻었습니다. 그는 15년 동안 수

도원의 부엌에서 약 백여 명의 수도자들을 위해 매일 음식을 준비하는 일로 섬겼습니다. 그러나 다친 다리로 먼 길을 오가며 식료품을 구하는 것이 어려워 1657년에는 신발 수선실로 자리를 옮겼습니다. 이처럼 그는 평생 수도원에서 접시를 닦고 구두를 수선하는 허드렛일을 하며 살았습니다.

그는 하찮은 일을 하는 로렌스였지만 그릇을 닦듯이 말씀으로 자신을 갈고 닦았습니다. 항상 하나님의 임재를 체험하며 살았기에 사람들이 그를 통하여 위로와 평화를 얻었습니다.

제가 좋아하는 목사님 중에 채희동이라는 분이 있습니다. 그분의 책 『걸레질하는 예수』에 이런 말이 나옵니다.

> "이 세상이 이나마 살 만한 것은 이처럼 소리 없이 빛도 없이 자신의 몸으로 걸레의 삶을 살아가는 생명들이 있기 때문이다. 이 걸레를 바라보면서 자연스럽게 떠오르는 것이 있었다. 그것은 십자가였다. 십자가 역시 누군가가 짊어져야 십자가이지, 짊어지지 않는 십자가는 그저 나무토막에 불과하다. 그렇구나. 십자가야말로 이 세상의 걸레이구나. 예수께서 십자가를 짊어지셨기에 예수는 우리의 주님이 되셨고, 예수께서 자신의 생명을 다 바쳐 짊어지고 세상을 사랑으로 가득 채우신 십자가, 그것은 바로 오늘 내 손에 들려진 걸레이다."

> "걸레가 자기 몸을 희생하고 바치고 헌신하여 더러운 곳을 닦아내고

깨끗하게 아름답게 하는 것처럼, 십자가가 의미하는 것 또한 자기 희생, 자기 헌신, 자기 내어놓음, 자기 비움, 자기 나눔이 아닌가."[63]

바울은 성도들이 "각각 자기가 일한 대로 자기의 상을 받으리라."고 했습니다. 공동번역은 상을 '삯'이라고 번역했습니다. 상이나 삯은 노동의 대가를 가리킵니다. 8절에서 "상"으로 쓰인 헬라어 "미스도스"는 신약에서 총 28회 사용되었는데, 그중 18회가 '상(reward)'으로 번역되었습니다. 그 외 9회는 '삯'으로, 1회는 '값'으로 번역되었습니다. 신약에서 '삯'을 검색하면 10회가 나오는데 그 중 '죄의 삯'을 의미하는 1회(롬 6:23)를 제외하면 모두 "미스도스"를 번역한 것입니다. 이것은 "미스도스"라는 단어가 '상'과 함께 '삯'이라는 의미로 자주 사용되었음을 보여주고 있습니다.

여기에는 두 가지 의미가 있습니다. 첫째, 산출과 수확량에 따라 상을 받는 것이 아니라, 일한 것에 따라 상을 받습니다. 하나님이 주신 일은 천하거나 귀중하거나, 높거나 낮은 것이 없이 모두 같은 가치를 가지고 있습니다. 이것은 12장에서 자세히 설명하고 있습니다. 자아의식이 강한 자들이나 자기도취가 강한 사람은 자부심이 지나쳐 우월의식을 가지게 되는데 그러나 자기의 일이 근본적으로 하나님의 일이라는 점에서 같습니다. 그래서 설교자와 반주자 또는 교회를 청소하거나 설거지를 하는 일의 근본이 같고 각각의 일이 중요합니다.

---

63 채희동, 결례질하시는 예수, (서울:대한기독교서회, 2004), 45.

이것이 현재에 어떤 평가를 받을지 모르지만- 눈에 보이는 사역이 귀중하고 중요하게 여겨지지만-종말에는 어떻게 일을 하였는가에 따라 하나님이 판단하여 상을 주실 것입니다. 이것은 14절과 긴밀하게 연관이 있습니다. 자기가 맡은 역할들을 바르고 성실하게 그리고 최고의 힘을 다해 효과적으로 일을 한 사람들은 종말의 때에 그것이 분명하게 드러나게(인정받는) 되는 상을 받게 됩니다.

둘째, 교회 안에서 이루어지는 일들은 모두 하나님의 일입니다. 모든 일이 하나님의 일이라면 하나님과의 관계가 우선 중요하고 친밀해야 하며 사람들과의 관계에서는 자아 중심이 아닌 공동체를 위한 일로 여기며 맡은 일을 해야 합니다. 맡은 자가 신실하고 충성스럽게 한다면 자아 중심의 어린아이와 같은 자들의 평가를 의식하거나 두려워해서는 안 됩니다. 좀 더 자유롭게, 그러나 좀 더 깊게, 좀 더 넓게, 좀 더 영으로 맡은 일을 해야 합니다.

여러분은 어떤 상을 생각하고 계십니까? 다른 사람보다 나은 상이나 따라오는 부상을 생각하셨나요? 힘들고 어려워도 살아있음에 감사하고 생명을 추구함에 용기가 생기고 교회를 섬기는 자유로움이 부족함보다는 아쉬움이 더 크지 않습니까? 보이는 상을 추구해야 할까요? 아니면, 은밀한 중에 보시는 하나님의 갚아 주심을 보아야 할까요?

교회 안에서나 밖에서나 조건이 충족되어야만 주어지는 자본주의 사고방식의 상보다는 날마다 꾸준히 하나님과 교통하며 그분의 평화로움을 삶에서 실천할 때 상을 주시는 하나님을 경험하는 주의 종들이 되시기를 바랍니다.

하나님의 밭과 집은 우리들이 일하는 장소입니다 3:9

"우리는 하나님의 동역자들이요 너희는 하나님의 밭이요 하나님의 집이니라."(고전 3:9).

바울은 실제로 자신과 아볼로를 하나님의 "쉬네르고이"(fellow workers), 즉 '동역자들'이라고 부릅니다. 이것은-고린도후서 6:1절에서 말하는 "함께 일하는 자"와는 대조적으로- 그와 아볼로가 하나님과 동등한 동역자가 되었다는 뜻이 아닙니다. 두 사람 모두 하나님께 속하여 하나님의 권위 아래에서 함께 일하는 동료 일꾼들이라는 뜻입니다. 그들은 하나님의 밭인 교회에서 함께 하나님의 일을 하는 하나님의 동역자들입니다.

두 사람에게 함께 주어진 일을 하는 자들이 교회이며 하나님의 집입니다. 여기서 성전의 의미가 나옵니다. 주를 그리스도로 고백하는 자들이 성도이고 그들이 모였으니 하나님이 임재하여 함께 하시는 공동체라는 사실입니다. 하나님의 백성을 씨를 뿌리고 물을 주는 하나님의 밭으로 표현했던 그림은 구약에서 오랫동안 사용되었습니다. 아모스 9:14절의 말씀의 뜻입니다. "내가 내 백성 이스라엘이 사로잡힌 것을 돌이키리니 그들이 황폐한 성읍을 건축하여 거주하며 포도원들을 가꾸고 그 포도주를 마시며 과원들을 만들고 그 열매를 먹으리라."[64]

우리나 교회의 지도자가 영적으로 어린아이여서 삶과 신앙을 꿰뚫어 보지 못하는 육적인 신자라면, 하나님 중심으로 그리스도 중심으로 사고의 전환이 필요합니다. 자기를 움직이는 육적인 지혜의 자랑에서 '영적인 이니셔티브'(영적인 우선권, 내가 먼저 손을 내미는 자세, 자기의 잘못이 없다고 해도 공동체의 회복을 위해 먼저 내가 나서는 것)를 가지고 하나님의 집의 완성을 위해 자랑하는 자가 아닌 자라게 하시는 하나님을 대면하는 자로 '자신을 변화시킬 수' 있는 신자가 되어야 합니다. 이것이 우리가 그리고 공동체가 하나님의 교회이며 건물이고 성전이라는 의식입니다.

그런데, 우리는 간혹 내가 보기에 저 사람은 가증한 사람이고 위선적인 사람인데 사람들에게 인정받고 존경을 받는 경우들이 생깁니다. 내가 보기에는 저 사람은 가짜인데 인격자로 대접받는 것을 보면서 내 마음이 불편해지고 결국에는 공동체를 떠나려는 생각에 이르기도 합니다. 위선적인 인격을 가진 사람을 보면서 갈등에 빠지거나 싸움에 휘말리게 되어 마음이 격동되어 오히려 자신의 집을 허물어뜨리는 사람이 있습니다.

위선적인 사람을 분별하다가 잘못되고 부족한 것을 지적하다가 실제로 자기를 세우지 못하는 어리석은 사람들이 있습니다. 오래전에 제

---

64 Paul Gardner, 1 Corinthians, (MI:Zondervan, 2018), 164.

가 아는 분이 있었습니다. 교회에서 불편한 사람이 있었습니다. 그분이 새벽 기도회를 나오니까 그 사람 보기 싫어서 아주 이른 새벽인 2시나 3시에 기도하고 갔습니다.

우리는 불편하고 싫은 사람을 만나면 피하거나 떠나려고 합니다. 저 사람만 가짜이고 위선자입니까? 떠나려고 하고 피하려는 나도 똑같은 사람입니다. 그러니 내가 지금 실제로 해야 할 일에 집중하고 온 힘을 쏟아야 합니다. 하나님의 집을 세우려고 해야 합니다. 싫은 사람 때문에 심고 물을 주고 관리하는 것을 안 하거나 피하고 있으면 안 됩니다.

하나님은 하나님의 권위에 순종하여 하기 힘든 일을, 그리고 서로 짐을 지기 싫은 일들을 맡기셨습니다. 하나님의 집인 교회를 온전히 세우기 위해 동역자로 부르셨습니다. 이것은 either or가 아닙니다. 하나님의 권위에 순종하므로 져야 하는 곤란한 짐입니다. 이 짐은 지고 죽으라는 짐이 아닙니다. 짐을 지고 힘든 것을 이겨내고 목표를 향해 짐을 옮길 때까지 견디며 맡아야 하는 짐입니다.

이 일을 하면서 싸움을 하든 희생을 하든 결국은 자기의 짐을 지고 그 자리에 서 있어야 합니다. 이것이 훈련입니다. 스스로 자청하여 받는 환난이며 곤란입니다. 이 짐을 맡는 이유는 삶의 본질이 하나님과의 관계에서 비롯된 것으로 인식하는 사람들만이 스스로 지는 짐입니다.

그렇지만 괴롭지요, 그럼에도 즐겁고 기쁘게 기꺼이 지는 짐입니다. 이런 분들은 삶의 조건이 달라진다고 해서 변덕을 부리지 않습니다.

그는 하나님이 주시는 생명의 본질을 꿰뚫고 있기 때문에 그렇습니다.

이런 분들은 어떤 조건에 있든지 함께하는 연대의 정신을 누리려고 합니다. 그래서 삶이 풍성해집니다. 이미 상을 하나님으로부터 받았기 때문입니다. 반대로 조건에 매달려 거기에 얽매인 사람들은 점점 삶이 빈곤해질 것입니다.

나가는 말

하나님이 부르셔서 하나님의 집인 교회에 모인 성도들은 하나님의 영광과 그분의 기쁨을 위하여 하나님의 집을 농부처럼 심고 물을 주어야 합니다. 이것 때문에 우리는 모였습니다.

하지만, '영적 엘리티즘'에 빠진 자들이 있습니다. 그들은 스스로 지혜가 뛰어나서 자기보다 모자란 사람을 우습게 보고, 마음에 깊은 감동을 주는 웅변가들은 말 못 하는 자들을 무식하다고 여기고, 은사를 깊이 체험한 사람들은 그렇지 못한 자들을 가엽게 여깁니다. 그들은 하나님께 집중을 하지 못하여 하나님의 집을 방치해 놓거나 구경만 하고 자기들끼리는 서로 칭찬하고 우월감을 갖습니다.

하나님의 집이며 공동체인 교회에서 찾아야 할 것은 자기의 자존심이나 우월감이 아닙니다. 공동체에서 곤란한 짐을 기쁘게 지기로 했다면 우리는 하나님의 권위에 순종하여 심고 뿌려야 합니다. 아무렇게나

하는 것이 아니라 하나님의 열매를 기대하며 심고 뿌리고 물주는 일을 해야 합니다. 하나님의 영광이 어디에서 어떻게 드러나는지 기대하며 해야 합니다. 그것을 위해 날마다 시간마다 자신을 십자가로 이끌어야 합니다.

사역자는 하나님의 종입니다. 하나님으로부터 맡은 일이 있습니다. 그 일을 위하여 동역자로 멋진 한 팀을 이루어서 하도록 그래서 협력하여 주님의 선한 일을 이루도록 부르셨습니다. 조금 섭섭해도 뭐라 할 필요도 없습니다. 섭섭한 일을 마음에 오랫동안 간직할 필요도 없습니다. 왜냐하면 나도 그 사람에게 섭섭한 사람일 수도 있기 때문입니다.

하나님의 집이 아름답게 지어져 가는 동안 스스로를 달래가며 채찍질하며, 주님이 자기 몸을 희생하고 바치고 헌신하여 더러운 곳을 닦아내고 깨끗하게 아름답게 하는 걸레처럼 나를 단련해야 합니다. 평탄한 길만을 골라서 혼자 가는 것보다 구부러져서 어렵고 힘난한 길을 같은 사역자들과 함께 걸으면 얼마나 좋겠습니까? 이 길을 걷는 것이 성도들의 기쁨이고 멋있음이고 살맛나는 여정이라고 생각합니다.

어거스틴은 우리의 눈이 밝아져 진리를 보게 되는 신비한 은총을 이렇게 고백했습니다.

"오, 영원한 진리여! 참된 사랑이여! 사랑스러운 영원이여! 당신은 나의 하나님이시니 당신을 향해 내가 밤낮으로 한숨을 짓습니다. 내가 당신을 처음 보았을 때 당신은 나를 들어 올려 나로 하여금 봐야 할 것을 보게 하셨습니다. 그러나 나에게는 그때까지도 그것을 볼 수 있는 시력이 없었습니다. 당신은 황홀한 강한 빛을 나에게 비추어 내 시력의 약함을 물리치셨습니다.[65]

눈을 들어 주님의 십자가, 그분의 은총을 사모하는 주의 종들이 되시기를 바랍니다. 우리가 진정 주님의 사역자요 그분이 주시는 은혜를 선물로 받아 하나님의 집을 아름다운 진리의 공동체로 지으려 한다면 동역자의 아픔을 말없이 감싸 안으면서 서로를 인정하고 사랑하여 부름 받은 거룩한 소명에 신실하게 응답하시기를 주의 이름으로 축복합니다. 아멘.

---

65 성 어거스틴, 고백록, 선한용 옮김, (서울:대한기독교서회, 2008), 228.

11

성도는 성전으로서의 교회입니다

고린도전서 3:10-17

들어가는 말

19세기 말 복음이 들어오고 전파되면서 기독교는 조국의 독립을 위한 투쟁과 사회 일반에서 백성들을 계몽하고 바르게 살게 하는데 앞장섰습니다. 그렇지만 오늘날 한국교회를 바라보는 사회적인 시선은 곱지 않습니다. 심지어 교회를 다니는 사람들조차 교회를 바라보는 시선이 아주 부정적일 때가 많습니다.

이유는 무엇일까요? 아마도 교회를 다니는 사람이나 그렇지 않은 사람 모두 교회를 향해 가지고 있는 기대치 크기 때문이 아닐까 하고 생각도 해봅니다. 하지만 이제 그런 수준의 실망감을 넘어선지 오래되었습니다. 각종 매체를 통해 비춰지는 교회의 모습 또는 교회 지도자들의 모습은 그리스도인이나 비(非) 그리스도인들에게 기대와 실망을 넘어서서 아예 접어 버렸습니다.

우리는 고린도전서를 공부하면서 이런 문제에 대한 답을 찾아보고 있습니다. 바울은 서신을 쓰면서 교회는 무엇이고 어떤 모습을 가지고 있는 것이 바람직하며 하나님 보시기에 아름답고 좋은 것인지에 대해서 말씀하고 있습니다.

신약에 보면, 교회에 대한 묘사가 많이 있습니다. 대표적인 것들을 살펴보면 마태복음절 7:24~27과 에베소서 2:20~22절, 그리고 본문입니다.

마태복음에서는 반석 위에 집을 지은 지혜로운 자와 모래 위에 지은 어리석은 자의 대조를 통해서 묘사를 하고 있습니다. 반석은 안정적인 기초이고 모래는 기초로 쓰기에는 약하고 쉽게 부숴지는 허술한 지반입니다.

이것은 기본 상식입니다. 그런데 이것을 지혜의 차이라고 하는데 실천적으로 보고 판단할 수 있는 분별력을 가진 지혜를 가르치고 있습니다.

지혜로운 자가 지은 반석 위의 집은 어떤 심판과 재난에도 굳건히 견디고 이기게 됩니다. 결국 반석 위에 지은 집은 사람의 문제이며 사람이 가진 지혜로운 판단과 말씀의 실천을 말하고 있습니다.

에베소서에서는 예수 그리스도의 오심과 그의 구원 사역이 모든 만물 위에 머리이시고 교회의 몸으로 존재한다는 사실입니다. 그래서 교회는 만물 안에서 충만케 하시는 자의 충만으로 나타납니다. 그것을 구체적으로 나타내는 은유가 모퉁이 돌입니다. 이 건물의 모퉁이 돌은 당연히 예수 그리스도입니다(엡 2:20).

그리고 예수 그리스도라는 유일한 모퉁이 돌과 사도들과 선지자들이라는 공통의 기초 위에서 이 거룩한 성전의 일부가 되고, 하나님의 임재를 몸소 체험하는 공동체가 됩니다. 그리고 이 돌이 건물과 함께 연결하여 맞추어져 갑니다. 그 안에 있는 성도들은 성령 안에서 함께 지어져 갑니다. 성도들은 고귀한 재료로 사용되고 있음을 알 수 있습니다.

고린도 교회 공동체는 하나님의 밭이요 하나님의 집이라고 말했습니다. 밭은 수많은 곡식과 열매를 기대하게 하고, 집은 가족의 평안과 보호를 생각하게 합니다. 특히 9절에서 "우리는 동역자들이고, 여러분은 하나님의 밭이며 하나님의 건축물입니다."라는 공동체의 정신을 강조하고 있습니다. 그리고 좀 더 발전된 건축물의 비유를 통해서 바울이 말하고자 하는 것을 전개하고 있습니다.

다시 말씀드리면, 바울과 아볼로는 "하나님의 동역자들"이지만, 하나님의 권위 아래에서 명령대로 순종하고 그에 따른 보상을 받는다는 점에서 서로의 동역자이지만, 그들이 성도들의 정체성을 규정해 줄 독자적 권위를 가진 지도자들은 아닙니다. 성도들의 정체성은 이미 바울이 1장 서두에서 밝혀 놓았습니다.

본문은 하나님의 선물인 은혜를 받은 바울에 의해 교회의 지도자들은 건축가로 비유 됩니다. 이들은 건강하고 든든한 기초 위에 교회라는 건물을 조심히 세워나가야 할 것입니다. 그러면 본문에서 말하는 "성도는 성전으로서의 교회입니다."가 의미하는 것이 무엇인지 살펴보도록 하겠습니다.

예수 그리스도 외에는 어떤 기초도 없습니다 3:10-11

> "내게 주신 하나님의 은혜를 따라 내가 지혜로운 건축자와 같이 터를 닦아 두매 다른 이가 그 위에 세우나 그러나 각각 어떻게 그 위에 세울까를 조심할지니라."(고전 3:10).

10절에서 중요한 동사는 "내가 두었다"(etheka, I have laid)입니다. 여기서 "나는", 즉 바울의 "자기의식"을 분명하게 나타내주고 있습니다. "나는" 하나님의 은혜를 받은 "나"입니다. 바울의 정체성을 이루었던 문화적, 정치적 그리고 종교적인 모든 율법과 헬라의 영향 아래에 있는 패러다임에서 하나님의 은혜를 받은 새로운 패러다임으로 '쉬프트'(바꾸다, 옮기다, 변경하다) 된 바울입니다.

하나님의 은혜로 말미암아 부르심에 응답한 바울은 십자가의 그리스도를 통한 구원 계획이 하나님의 지혜를 보여주는 최고의 표현이며, 인간의 어떤 지혜보다 훨씬 더 위대하다는 사실을 인식하게 되었다는 뜻입니다. 우리는 이것을 중생이라고 말하며 새로운 창조물이 되었다고 합니다. 자아의 의식과 가치관이 래디컬 하게 변화를 가져오는 데에는 하나님의 은혜의 신비로운 선물로 말미암아 발생하게 됩니다.

그래서 바울은 이런 신비로운 은혜의 발생과 적용을 통하여 그리스도와의 연합을 이루게 됩니다. 바울은 성령의 역사로 말미암은 그리스도와의 연합의 신비로움에서 하나님의 사랑의 깊음과 넓음을 발견하게 됩니다. 이것이 바울이 성도들을 대하는 기본 태도로 자리를 잡습니다. 바울이 하나님의 은혜를 입어 변화된 두 가지입니다.

첫째, 맹자 "공손추"에 보면, "不忍人之心"(불인인지심)이라는 말이 있습니다. 문자 그대로 풀면 "사람들에게 차마 하지 못하는 마음"인데 저는 이것을 "미워하지 않는 사람의 마음"이라고 해석을 합니다. 우리가 참을 '인'으로 알고 있는 것을 "미워하는" 또는 "잔인한"으로 읽을 수가 있습니다. 즉, "불인인지심"은 **"사랑하는 마음"**입니다(고전 13장).

둘째, 노자 28장을 보면, "知其榮(지기영) 守其辱(수기욕) 爲天下谷(위천하곡)"이 있는데 뜻은 "영광을 알면서 오욕을 유지하라. 세상의 골짜기가 될 것이다."입니다. 무위당 장일순의 말에 의하면, "부귀영화를 모르는 바 아니로되 비천하고 낮은 자리에 처하면 천하의 골짜기를 이룬다"[66] 이 중에서 "守其辱(수기욕)"은 사람들이 싫어하는 그 낮은 자리에 스스로 내려가서 마치 '걸레'처럼 더러움을 취하는 것입니다.

저는 이것을 "형제들아 내가 그리스도 예수 우리 주 안에서 가진 바

---

66 이 아무게 대담, 정리, 장일순의 노자 이야기, (서울:삼인, 2019), 297.

너희에 대한 나의 자랑을 두고 단언하노니 나는 날마다 죽노라."(고전 15:31)에서 바울의 자기의식을 발견합니다. **"바울의 자기의식은 사랑하는 마음과 낮은데 있으려는 자발적인 마음과 태도입니다."**

이 두 가지 자기의식을 가지고 바울은 공동체의 성도들에게 권면하고 있습니다. 바울은 철저하고 논리적으로 부족함 없이 자기의 토대는 십자가의 그리스도라고 자신 있게 내세우고 있습니다.

"지혜로운 건축자"에서 지혜롭다는 말은 너희들이 지금 교회에서 쌓고 자랑하려는 세상의 지혜가 아닌 그리스도 안에서 익히고 배운 전문적인 기술로서의 지혜를 말합니다. 그리스도의 도에 능통한 지혜로운 건축자라는 말입니다.

지혜로움이 실제 건축에서 적용이 되려면, 자세하게 구체적으로 지시할 수 있는 건축가가 가져야 할 근본적인 지혜와 분별력 그리고 실행하는데 필요한 통찰력을 말할 수 있습니다. 바울이 자신을 지혜로운 건축자라고 표현하는 것은 단순히 건축 기술자의 기술이 아니라 건물을 짓는데 일하는 건축가들과 노동자들을 감독하고 이끌어가는 '수석 건축자'(master builder)라는 것입니다.

> "아무도 이미 놓은 기초이신 예수 그리스도 밖에 또 다른 기초를 놓을 수 없습니다."(고전 3:11).

그리고 바울은 자기의식의 확실함과 든든함을 **"터"**(θεμέλιον,

themelion, foundation)라고 표현합니다. 들어가는 말에서 언급한 모래 위의 터도 아닙니다. 베드로의 이름의 뜻인 반석도 아닙니다. 바울이 말하고 있는 "터"는 2:2절처럼(나는 여러분 가운데서 예수 그리스도 곧 십자가에 달리신 그분 밖에는, 아무것도 알지 않기로 작정하였습니다, 새번역) 우리의 구원을 위해 십자가에 못 박히고 부활하신 예수 그리스도이십니다.

바울 자신이 닦은 "터"는 고린도 교회의 지도자들이 가지고 자랑하는 것들인 지혜, 가문, 그리고 물질의 부가 아닙니다. 지도자들이 제공해 주는 어떤 유익도 아닙니다. 바울 자신이 인식하는 확실한 "터"를 이미 두었기 때문에 다른 사역자들은 다시 "터"를 세우려고 하지 말고 바울이 닦아 놓은 "터" 위에 건물을 세워 나가야 한다고 주장하고 있습니다. 그 토대가 예수 그리스도입니다.

구약 이사야 28:16절에서 이미 말씀했습니다.

> "그러므로 주 하나님께서 이렇게 말씀하신다. 내가 시온에 주춧돌을 놓는다. 얼마나 견고한지 시험하여 본 돌이다. 이 귀한 돌을 모퉁이에 놓아서, 기초를 튼튼히 세울 것이니, 이것을 의지하는 사람은 불안하지 않을 것이다."

바울의 주장은 이런 전제가 있습니다. 바울 자신이 이미 닦아 놓은 "터"인 예수 그리스도 외에는 다른 것은 안 된다는 것입니다. 골로새서

1:13~16절, "아버지께서 우리를 암흑의 권세에서 건져내셔서, 자기의 사랑하는 아들의 나라로 옮기셨습니다. 우리는 그 아들 안에서 구속 곧 죄 사함을 받았습니다. 그 아들은 보이지 않는 하나님의 형상이시요, 모든 피조물보다 먼저 나신 분이십니다. 만물이 그분 안에서 창조되었습니다. 하늘에 있는 것들과 땅에 있는 것들, 보이는 것들과 보이지 않는 것들, 왕권이나 주권이나 권력이나 권세나 할 것 없이, 모든 것이 그분으로 말미암아 창조되었고, 그분을 위하여 창조되었습니다."

예수 그리스도가 누구인지 밝힌 부분에서 그는 구원과 복음이며 하나님 나라의 본질이라는 것입니다. 이것을 토대로 해서 다른 사역자들을 조심히 세워나가야 합니다.

그다음은 고린도 교회의 사역자들이 세워나가려는 "터"가 바울이 제시한 "터"와 일치하지 않는 주장들이기 때문에 그것들을 고집하고 기술이 좋은 건축가를 데려다가 건물을 짓는다고 해서, 그 건물이 든든한 기초를 가진 건물이 아니라는 점입니다.

그러면 다른 건축가들이나 노동자들이 조심히 세워야 할 것은 선택이 아니라 "조심하여라"라고 하는 명령입니다. 10b절, "그러나 각각 어떻게 그 위에 세울까를 조심할지니라." "조심할지니라"는 "watch out"입니다. 내가 그리스도의 토대 위에 세우는 것이 무엇인지 날마다 관찰하고 분석해서 잘 세워야 하는 의무가 있습니다.

많은 교회와 성도들이 신령한 것을 보고 들었다고 하기도 하고 체험해서 헌신과 충성으로 교회가 크게 부흥하였다고도 합니다. 자기의 감정과 지식의 판단에 따라 말하기를 자기 교회의 설교자의 말씀에 은혜가 많다고 자랑하기도 합니다. 자기 믿음이 깊은 경지에 들어가서 더이상 배울 것이나 훈련할 것이 필요하지 않다고 하거나 변할 것이 없다고 말하면서 은근히 자랑합니다. 바울이 말하고 있는 토대가 아닌다른 말씀을 복음이라고 설교하고 있으면서 은혜가 풍성한 복음이라고 자랑하는 교인들을 발견합니다.

그래서 우리는 날마다 조심해야 합니다. 내가 전한 말씀이 바른 토대 위에서 세워지는 건물인지 살펴봐야 합니다. 그리스도 이외에 다른 것을 섞어서 그 "다른 터"를 바른 터, 정당한 터라고 주장해서는 안 되는 것입니다.

세워진 건물은 하나님에 의해 테스트 됩니다 3:12-15

바울과 고린도 교회의 성도들은 그리스도의 "터"위에 건물을 짓는 자들입니다. 집을 짓는다는 것은, 그리스도의 몸인 교회를 세워나간다는 의미입니다. 교회로서의 건물을 지으려면 무엇으로 세워야 합니까? 바울은 여기서 건물을 짓는데 필요한 재료를 언급합니다.

> "누가 이 기초 위에 금이나 은이나 보석이나 나무나 풀이나 짚으로 집을 지으면"(고전 3:12).

바울은 두 가지 종류의 재료들을 예로 들고 있습니다. 첫째, 금, 은, 보석, 둘째, 나무, 풀, 짚입니다. 바울은 수사학적으로 표현하고 있는데, 건축의 다양성을 말하기 위해서 여섯 가지 재료를 나열하여 집을 지을 수 있음을 열거법으로 말하며, 점강법을 통해 귀한 재료에서 귀하지 않은 재료로 가치가 내려가는 방식을 취하고 있습니다. 그리고 불에 타지 않는 세 가지 재료와 불에 타는 세 가지 재료를 대조법을 통해 설명하고 있습니다.

> "그에 따라 각 사람의 업적이 드러날 것입니다. 그 날이 그것을 환히 보여 줄 것입니다. 그것은 불에 드러날 것이기 때문입니다. 불이 각 사람의 업적이 어떤 것인가를 검증하여 줄 것입니다."(고전 3:13).

금, 은, 보석(값이 나가는 돌)은 어떠한 경우에도 견딜 수 있는 재료입니다. 13절에서 말하는 것처럼 "불"로 시험을 받을 때 견디고 이겨서 그 가치를 드러낼 것입니다. 그리고 이 재료들은 일반적인 건물에 쓰이는 재료가 아닙니다. 계시록에서 묘사하는 새 예루살렘 성의 재료로 귀중하고 가치 있고 내구성이 강한 것들을 열거하고 있는 것을 알 수 있습니다. 재료들은 십자가의 그리스도의 복음의 기초입니다.

그러나 나무, 풀, 짚도 건물을 짓는데 필요한 재료이기는 하지만 불로 시험을 할 때 견디지 못하고 타서 없어지는 무가치한 재료들입니다. 이것들은 내구성이 떨어집니다. 마태복음 7장의 시험이 바람과 홍

수이지만, 본문에서는 불의 시험인데 이것들은 불이 나면 다 타서 재만 남기 때문에 보존가치가 없고 또는 가치도 없어서 보상도 받지 못하는 재료입니다. 이 건축 재료들은 복음을 어리석게 여기는 사람의 지혜를 나타내고 있습니다.

교회의 성도들은 이 재료들을 가지고 개인적으로 또는 공동으로 협력해서 건물을 짓지만, 건축에 참여한 모든 자들은 나중에 자신이 가진 재료를 사용하여 세운 건축물이라는 결과로 평가를 받게 될 것입니다.

좀 더 자세히 살펴보겠습니다. 새번역(업적)과 공동번역(한 일)에서 차이가 나는 번역은 공적에 해당하는 단어 '에르곤'입니다. 이 단어는 'work' 즉, 일이나 행위를 의미하며, 성경에서 빈번하게 사용하는 단어입니다. 실제적인 행위로서 종종 심판의 근거가 되곤 합니다(벧전 1:17, 딤전 5:24, 롬 2:6~11).

"시험하다"(검증하다)는 헬라어 "도키마조"입니다. 이것은 'test'의 의미입니다. 본문에서는 남을 것인지, 아니면 불 탈것인지를 묻는 것입니다. 시험을 봐서 입증하는 것입니다. 즉, 주님의 심판의 날에 각자가 행한 일에 대하여(according tp work) 하나님의 판단(심판과 상)이 있습니다.

'그날'은 그가 고린도전서 1:8에서 말한 '주의 날'이며 심판의 날입니다. 그날에 하나님께서 모든 인간의 행위를 살피시며 판단하여 심판하는 날입니다. 주님의 재림 때에 일어날 심판과 구원의 날입니다.

성경에서 불은 다양한 의미를 가지고 있습니다(하나님의 임재, 기적, 기도의 응답, 심판 등). 본문에서 불은 비유적으로 사용되었습니다. 특히 마태복음에서 불은 열매 맺지 않는 나무(마 3:10), 쭉정이(마 3:12), 가라지들(마 13:40), 열매 맺지 않는 포도나무의 가지(요 15:6)를 불사르는 하나님의 심판으로 참신자와 거짓 신자를 분별하는 것으로 사용되기도 했습니다.

하나님께서 종말의 때에 심판하실 때 불로 집행하신다는 의미입니다(마 3:10,살후 1:7~8). 다니엘 7:9~10절에서의 불과 불꽃도 하나님의 심판에 대한 상징으로 사용하였습니다. 말라기 4:1~2절은 불에 의한 심판을 생생하게 보여줍니다.

여기서 공적이 "밝혀지는 것"을 "델로세이"(δηλώσει, will disclose)라는 단어를 사용했습니다. 이것은 '명백하게 하다'라는 '델로오'(δηλόω)의 미래형입니다. 이것은 최후의 시험의 결과가 매우 분명하게 드러날 것이라는 점을 강조하고 있음을 알 수 있습니다.

14절에 "만일 누구든지 그 위에 세운 공적이 그대로 있으면 상을 받고", 15절에서는 "누구든지 그 공적이 불타면 해를 받으리니 그러나 자신은 구원을 받되 불 가운데서 받은 것 같으리라."라고 했습니다.

바울은 고린도전서 3:14~15절은 마지막 날에 복음 선포자가 하나님으로부터 받을 상급에 대해 언급합니다. 14절은 불시험을 이겨낸 긍정적인 결과에 대해서, 15절은 불시험을 견디지 못한 부정적인 상황에 대해서 언급합니다.

이제 건축에 대한 상황이 마지막 때의 상황으로 옮겨집니다. 만약 복음 선포자가 그 행한 일이 불로 시험을 받을 때에 그대로 있으면 상을 받게 됩니다. 여기서 상급을 받는다는 말은 보상의 사상보다는 그 사람의 사역에 대한 하나님의 인정을 가리킵니다. 일한 수고의 대가라고 볼 수 있습니다. 그 사람의 사역이 불시험을 통과해도 그가 한 대로 남아있으면, 그 사람의 사역은 합당한 것으로 인정을 받을 것입니다.[67]

사실 바울은 이 상이 무엇인지 분명히 말하지 않습니다. 다만 추측해 본다면, 심판의 날에 자신의 사역의 열매를 보고 즐거워하고 만족하는 것을 말할 수도 있겠습니다.[68]

> "우리 주 예수께서 오실 때에, 그분 앞에서, 우리의 희망이나 기쁨이나 자랑할 면류관이 무엇이겠습니까? 그것은 여러분이 아니겠습니까? 여러분이야말로 우리의 영광이요, 기쁨입니다."(살전 2:19~20).

그러나 그 반대되는 결과도 있습니다. 복음 선포자의 행한 일이 불탈 수도 있고 불타게 되면 그는 손해를 보게 될 것입니다. 그러나 불이 나도 그 속에서 몸은 살아나올 수 있는 것처럼, 구원도 겨우 얻는 구원이 있습니다. 즉, 나무, 풀, 그리고 집으로 지은 건물들은 하나님의 불시험에 의해 불에 타서 사라지게 되는, "상 없이" 가까스로 자신만 구

---

67 김광수, 바울 서신 다시 읽기:고린도전서, (서울:은성, 1999), 67.
68 Thomas R. Schreiner, 1 Corinthians, (IL:IVP, 2018), 93.

원얻는 구원입니다.

그러므로 "가치 있는" 재료로 집을 짓는 "지혜로운 건축자"는 십자가 복음에 나타난 하나님의 지혜를 따라 신앙생활을 하는 사람을 가리킵니다. '무가치한 재료로 집을 짓는 "어리석은 건축자"는 겉으로 하나님의 백성이라고 자부하면서도 실제 일상생활에서는 세상의 지혜를 따라 사는 사람을 가리킨다'고 말하고 있습니다.[69]

우리가 생각해 보아야 할 것이 있습니다. 교회를 세워나갈 때 어떤 재료를 사용하는지 주의 깊게 살펴보아야 합니다. 자기애가 강한 사람이 가진 자랑하는 마음과 어린아이처럼 자기에게만 몰두하여 생명을 꿰뚫어 보지 못하고 질투하고 다투는 교우들이 공동체를 세워서는 안 된다고 말하고 있습니다.

그러면, 바울이 말하고자 하는 의도는 무엇일까요? 이 14~15절에 바울은 분명히 타서 없어질 재료를 가지고 교회 공동체를 세우려는 자들을 육신에 속한 자로 판단했습니다. 그래서 10절에서 "각 사람은 어떻게 건물을 세울지 조심해야 한다"고 말합니다. 따라서 교회 공동체의 지체들에게 요구하는 것은 분별력입니다.

누가 '신령한 자'인지, 누가 '육신에 속한 자'인지를 분별할 줄 알아야 합니다. 이 말은 성도들이 판단해서 결과를 내라는 것이 아닙니다. 종말의 심판에서 구원은 온전히 주님께 있지만, 교회의 하나 됨을 위해 분별력을 지혜롭게 가져야 한다는 뜻입니다.

---

69 이한수, 하나님의 지혜, 세상의 지혜, (서울:두란노서, 1993), 64.

공동체의 성도들이 어떤 토대로 지어져 가는지 볼 수 있어야 합니다. 그리고 얼마나 거룩하게 지어져 가는지 분별할 수 있어야 합니다. 교회 안에 자기 사랑이 가득한 사람, 자기를 드러내는 사람(잘난 척하는 사람) 판단하고 결정짓는 사람이 교회 안에 있으면 금방 드러납니다.

그리고 많은 사람들이 어쩔 줄을 몰라 상처를 받습니다. 이때 빨리 분별하고 판단해야 합니다. 조심해야 합니다. 같이 맞서서 다투거나 같은 방식으로 결정하지 마십시오. 바울이 하나님의 은혜로 측은지심을 가졌던 것처럼, 그 사람을 바꾸려고 하지 말고 그대로 두시고 스스로 견디고 이기고 공동체의 안정과 평화를 위해 힘써야 합입니다.

교회의 성도들은 성전입니다 3:16

지금까지 3:10~15절에서 말한 건물이 고린도 시에 있는 어떤 건물을 세우는 것을 말하고 있는 것이 아니라 교회를 말하고 있음을 16절에서 밝히고 있습니다.

> "너희는 너희가 하나님의 성전인 것과 하나님의 성령이 너희 안에 계시는 것을 알지 못하느냐."(고전 3:16).

바울에게 있어서 교회란 하나님의 성전 건물 바로 그 자체였습니다.

지금까지 건축에 대한 비유를 통해서 바울은 이제 고린도 교회를 하나님의 거처인 예루살렘 성전으로 묘사하고 있습니다. 그러나 여기서 성전은 건물이 아니라 '하나님의 영이 거하시는 공동체'와 성령에 이끌려 사는 사람 즉, '성령의 인도함을 받는 사람'을 의미합니다.

바울이 언급하고 있는 성전은 구약에서 보면 하나님은 성전에 거주하고 이스라엘 백성 안에 계십니다. 이 성전은 마당을 포함한 성전이 아니라 성전의 지성소 즉, 하나님의 거룩하심이 존재하는 곳을 말합니다(출 25:8, 29:45, 레 26:11~12, 시 114:2). 그래서 지금은 하나님의 성령이 새 성전에 계시는데 그 성전은 예수 그리스도의 교회입니다.[70]

예수를 성령에 의해 그리스도라고 고백한 자들이 모인 그리스도의 교회는 세상에서 하나님의 뜻과 사역을 행하는 거룩한 곳이어야 합니다. 성도들은 그리스도 안에서 나타난 구원의 능력을 지금 사는 세상에서 드러내야 합니다. 이것은 실제 고린도 시에서 실천돼야 하는 하나님의 실제적인 사역이어야 하고 뜻이 실현되어야 합니다. 그리고 이런 일들이 하나님의 백성들인 교회의 성도들을 통하여 행해질 때 교회의 정체성 또는 성도의 정체성이 성령의 역사로 세워져 나가게 되는 것입니다.[71]

교회와 성도는 성령의 전으로서 공동체의 연합과 연대로 거룩하게 세워 나가야 합니다. 따라서 성도들은 각자 조심히 그리고 주님이 주

---

70 Thomas R. Schreiner, 1 Corinthians, (IL:IVP, 2018), 93.

71 Marion L. Soards, 1 Corinthians, (MI:Baker Books, 1999), 75.

신 은혜에 의지하여 교회 안에만 집중했던 사역을 세상으로 돌려야 합니다. 세상을 빛의 나라로 인도할 사명을 가지고 사역해야 합니다.

그 시작은 성도 개인과 공동체가 추구해야 할 가장 기초적인 삶의 태도와 모습 그리고 그 삶이 품고 있는 품질이 무엇인지를 십자가의 도와 그리스도의 지혜로 형성된 삶에서 찾아야 합니다. 이 시작은 바울을 완전하게 새로운 창조물로 변형시키신 주님의 현존과 그의 마음으로 그리고 성도들 각자의 몸 안에서 역사하시는 성령의 역사에서 비롯될 것입니다.

하나님의 판단에 따라 성전은 파괴될 것입니다 3:17

> "누구든지 하나님의 성전을 더럽히면 하나님이 그 사람을 멸하시리라 하나님의 성전은 거룩하니 너희도 그러하니라."(고전 3:17).

성전을 더럽힌다는 것은 성령의 인도함으로 하나가 되어 건물의 참된 모습을 유지하는데 실패한다는 의미입니다. 건물로서의 성전은 정치적인 용어입니다. 고린도 시는 신흥도시로서 발전하는 도시입니다. 건물을 짓는 과정에서 완성되기까지 잘 진행하여 건물을 잘 세운다면 도시는 안정감 있게 유지될 것입니다. 만약 건물이 무너지는 사고가 발생하면 시민들의 동요가 일어나거나 심지어 민란이 일어나게 되어서 사회적 피해 비용이 많이 발생하게 될 것입니다.

그러므로 건물로서의 성전을 더럽히는 것은 외적으로 교회의 하나 됨, 안정감, 그리고 평화로움을 깨는 분파주의이지만, 내적으로는 외적인 것인 하나 됨과 안정감을 가능하게 하는 근본 토대인 그리스도 즉, 그리스도의 마음과 성전의 이미지인 "샬롬"에서 이탈하는 것을 말하고 있습니다. 그 이유는 건물로서의 성전을 거룩하게 하는 근본적인 기초인 그리스도에 대한 지식과 하나님의 지혜에 대한 지식의 부족에서 오는 것입니다.

하나님의 성전은 온전한 평화와 하나님의 영이 현존하는 곳입니다. 그 영을 받은 사람은 하나님의 성령에 의해 거룩한 성전으로 변화된 성도입니다. 이 영은 그리스도의 마음을 이끌어 냅니다. 그런데 그리스도의 마음인 성전의 거룩함을 깨는 자들은 멸망하게 됩니다.

나가는 말

성도 여러분! 하나님은 성도 한 사람 한 사람을 그리고 성도들의 모임을 건물로서의 교회로 그리고 교회는 하나님의 영이 거하시는 성전이라고 말씀하셨습니다. 그런데 그 교회 공동체를 신자의 개인적인 목적에 의해 유용하거나 개인적인 감정과 자기가 세운 철학으로 공동체를 분란을 일으켜 안정적인 모습과 평화로움을 유지하지 못하게 하는 자들에게 주는 바울의 직접적인 경고입니다. 사역자나 성도들이 근본적으로 잘못된 가르침을 할 경우에는 하나님에 의해 파괴될 것입니다.

서두에서 말씀드린 바울이 세운 근본적인 기초에 의거하지 않고 열심히 정성을 다해 건물을 짓듯이 교회를 섬기고 세워 나가지만 근본 토대와 무관한 사역은 습관적으로 하는 종교적 행위일 뿐입니다.

내가 어떤 기초 위에 서 있느냐, 그 기초가 무엇인지 분명히 인식하고 사느냐, 당신이 지금 믿고 있고 잘하고 있다고 여기고 그래도 내가 저 사람보다는 조금은 낫겠지라고 여기는 그 신앙과 삶이 무엇이냐고 묻고 있습니다.

바울은 내가 지금 쓰고 있는 편지에 기록한 그 정도만큼이라도 하라고 말합니다. 바울은 자신을 자랑하는 것이 아닙니다. 그리스도에 의해서 내가 세워졌고 성령에 의해 부름받은 종이라는 사실을 그대로 말하면서 살고 있다는 것입니다. 어떻게 살아냈느냐의 질문이 아니라 너의 삶이 무엇을 토대로 한 삶이냐고 묻고 있습니다.

주님은 바울의 이 경고를 마태복음 7:22~23절에서 하십니다.

"그 날에 많은 사람이 나더러 이르되 주여 주여 우리가 주의 이름으로 선지자 노릇 하며 주의 이름으로 귀신을 쫓아내며 주의 이름으로 많은 권능을 행하지 아니하였나이까 하리니, 그 때에 내가 그들에게 밝히 말하되 내가 너희를 도무지 알지 못하니 불법을 행하는 자들아 내게서 떠나가라 하리라."

그리고 마태복음 7:21절에서는 "하늘에 계신 아버지의 뜻대로 행하는 자라야 들어가리라."라고 말씀하셨습니다.

불의 시험을 치를 때 겨우 통과해서 자기만 부끄러운 구원을 받는다면 이만큼 허망한 것이 어디 있습니까? 내가 얼마나 열심히 충성 봉사했는데 그래봐야 소용이 없습니다. 토대가 다른 헌신과 충성은 열매를 맺지 못하거나 썩은 것을 맺을 것입니다. 한 알의 열매를 맺더라도 남을 업신여기거나 무시하거나 마음대로 판단해서는 안 됩니다.

그리스도의 마음으로 자신의 내적 성전을 잘 가꾸시고 나의 마음을 말씀으로 깎고 다듬고 새기시기 바랍니다. 그리고 성령의 은혜를 구하십시오. 곤란하고 역겨운 사람이 있어서 피하고 싶고 함께하기 어렵지만, 그 사람을 이기기보다는 나를 이겨내야 할 것입니다. 우리는 주님의 거룩한 성령이 거하시고 평화의 영이 계시는 동역자요 친구요 사랑하는 형제자매입니다.

마지막 날, 주님이 오실 때에 우리의 삶을 구체적으로 평가받을 것입니다. 겨우 구원을 받을 것인가? 아니면 상을 받을 것인가? 지금 나의 토대와 실천에서 판가름 날 것입니다. 우리 모두 기쁨과 즐거움 그리고 자원해서 하나님의 집을 세우시기 바랍니다. 한 알의 열매를 위해 조심하고 분별하시기를 바랍니다. 한 알의 열매를 맺더라도 맛있고 좋은 열매를 거두시기를 바랍니다. 아멘.

12

지혜로운 자는 그리스도의 것입니다

고린도전서 3:18-23

들어가는 말

사도 바울은 고린도 교회에서 벌어지고 있는 분쟁을 보면서 교회의 기본적인 기초는 교회의 지도자들이 가지고 있는 지혜, 가문, 물질이 아니라 그리스도가 교회의 든든한 토대가 되어야 한다는 확신을 가지고 있습니다.

이것은 마가복음 3:35절에서 예수님이 원하시는 공동체는 "하나님의 뜻대로 행하는 자가 형제요, 자매요 어머니라."라고 말씀하신 것과 같은 뜻입니다.

하나님의 뜻대로 행한다는 것은 마가복음 10:29~30절에서 "나와 복음을 위하여"를 의미하고 '예수님의 말과 행동'을 의미합니다. 이것을 바울은 좀 더 발전시켜서 예수님 안에서 보여진 하나님의 뜻인 십자가의 복음이 교회와 공동체의 기초이며 예수를 성령에 의해 그리스도라고 고백한 자들이 모인 그리스도의 교회는 세상에서 그리스도의 복음을 증거해야 한다는 말씀입니다.

고린도 교회는 사람들이 멸시하는 십자가의 복음이 교회의 기초가 되고, 그리스도가 모든 지혜의 근본이 되어서 교회의 거룩함을 유지해야 하는데 그만 교회에 문제가 생겼습니다. 자신들에게 세례를 준 사람들을 중요하게 여겼습니다. 세상의 지혜가 슬며시 교회에 들어와서 예수 그리스도의 복음을 가볍게 여기게 했고 복음을 살짝 비틀어서 가르쳤습니다.

고린도 교회의 내부에서 분명하게 드러나고 있는 문제는, 예수 안에 드러난 하나님의 뜻과 십자가의 도를 자기 임의대로 이해하고 해석했다는 것입니다. 문제를 일으킨 그들이 십자가의 도를 믿지 않은 것이 아닙니다. 십자가의 도에 나타난 하나님의 지혜를 오해하였습니다. 십자가의 도가 말씀하는 핵심을 놓쳤습니다. 왜냐하면 자기들이 가지고 있는 지혜와 지식이 교회 안의 어느 누구도 따라올 수 없는 고상한 것이며 자신들은 이미 신령한 수준에 있기 때문에 교회 안의 어떤 사람들보다 더 우월하다는 착각을 하고 있었기 때문입니다.

오늘날의 교회에서도 고린도 교회가 겪었던 문제와 같은 것들 때문에 고민이 많습니다. 교회를 다니는 사람들과 이야기를 나누어 보면 모두 훌륭하고 멋진 말을 합니다.

그런데 말(설교)이 가볍고 품위가 없으며 천박합니다. 그러면서도 자신들은 어느 정도 다른 사람들이 접근하지 못할 수준에 있다는 자신감이 있습니다. 실제로 그들은 복음이 무엇인지, 하나님의 나라가 무엇인지 잘 모르는 것이 아니라 하나에서 열까지 아무것도 모릅니다. 그런데도 안다고 합니다. 이것은 자기를 속이는 것입니다.

본문 고린도전서 3:18절은 이렇게 말합니다.

> "아무도 자신을 속이지 말라. 너희 중에 누구든지 이 세상에서 지혜 있는 줄로 생각하거든 어리석은 자가 되라. 그리하여야 지혜로운 자가 되리라."

이 세상에서 지혜가 있다고 생각하는 사람은 자신을 속이는 것이라고 말합니다. 이 세상의 지혜가 무엇인가 하는 것입니다.

고린도전서 1:22절에서 "유대인은 표적을 구하고 헬라인은 지혜를 찾으나"라고 말씀합니다. 세상의 지혜를 대표하는 것이 헬라인들이 찾는 지혜입니다. 헬라인들이 말하는 지혜는 인간이 주체인 자아에 관심을 갖습니다. 유대인들이 하나님의 기적적인 사건에 집중한다면 헬라인들은 인간 자신에게 초점을 맞춥니다. 그래서 철학이라는 말도 '지혜에 대한 사랑'인데 이것을 인간 스스로가 알려고 했습니다. 그리고 그 아는 것을 절대화시켰습니다.

그러므로 세상의 지혜는 자기를 뽐내는 것입니다. 자기의 탁월성을 드러내는 것입니다. 자기가 알고 있는 것을 스스로 내세우는 것입니다. 즉 자기 잘난 척하는 것이 세상의 지혜입니다.

그러나 본문에서는 그 잘난 척하는 것이 자기를 속이는 것이라고 말씀합니다. 우리는 잘난 척하여 스스로 속는 자가 아니라 그리스도에게 속한 지혜로운 자가 되어야 합니다. 본문에서 지혜로운 자는 그리스도의 것이며 하나님의 것이라고 말하고 있습니다. 그 이유를 살펴보겠습니다.

그리스도께 속한 신자는 자기가 가진 지혜를 과신하지 말아야 합니다

사도 바울은 지혜를 가진 사람들의 특징은 스스로를 잘났다고 뻐기는 것이며 자기가 다 알고 있다는 것을 내세우는 사람이라고 분명히 말씀했습니다. 고린도전서 3:18절에서 "아무도 자신을 속이지 말라. 너희 중에 누구든지 이 세상에서 지혜 있는 줄로 생각하거든"이라고 합니다. 자기를 신뢰하는 과잉에 빠져서 하나님의 말씀을 바르게 알지 못하고 깨닫지 못하여 교회 안에서 잘못된 행동을 하는 사람들을 향하여 자신을 속이는 것이라고 경고하고 있습니다.

자기 과잉에 빠져서 지혜를 자랑하는 사람들은 대게가 사회적으로 지위가 있고 배운 사람들입니다. 고린도전서 1:20절에서 그런 사람들을 '지혜 있는 자, 선비, 그리고 변론가라고 구체적으로 알려줍니다. 이런 사람들은 자기가 가지고 있는 지위와 권위를 가지고 사람들을 가르치고 앞장서서 살았습니다. 그들 스스로가 자기들이 가진 지혜는 잘못이 없는 옳은 것이며 충분히 사람들을 가르치고 다스릴 수 있는 지혜라고 생각했습니다.

실제로도 당시의 그리스도인들은 신분이 낮았습니다. 그들 대부분은 노예, 여자, 노동자들이었습니다. 그런 사람들이 믿고 따르는 예수는 십자가에서 무력하게 처형당한 죄수에 불과했습니다. 그런 사람들을 세상의 지혜를 터득하고 높은 경지에 스스로 도달했다고 믿는 자들이 보았을 때 그리스도인들이 믿는 십자가의 도의 핵심인 예수 그리스도는 아주 어리석은 사람이며 믿을만한 존재가 아니었습니다.

그들은 스스로 연구해서 얻은 지식을 자랑스러워했고 절대적으로 믿었습니다. 특히 교회 안에 이미 어떤 지식을 절대화시킨 특별한 지식을 가지고 있다고 여기는 지혜로운 사람이 있었습니다. 그들은 특정한 지도자와 가까운 관계에 자부심을 가지고 있었습니다.

좀 더 적용적인 면에서 살펴보면, 자기가 가진 지혜를 과신하는 사람들은 "십자가의 도"와 관련해서 그리스도 중심으로 이해하는 것이 아니라 세상적인 지혜로 접근하며 이해했습니다. 세상의 철학과 사람들이 가지고 있는 전통과 세상의 초등 학문을 가지고 하나님의 지혜가 드러난 십자가의 도를 판단하고 그 지식을 얻으려고 했습니다.

지혜가 있다는 사람들은 "십자가의 도"가 무엇인지, 그것이 우리 삶에 어떻게 적용되는지를 잘 몰랐고 십자가의 도가 펼쳐지는 구체적인 원리와 방법을 알지 못했습니다. 아니면 그것을 무의식적으로 거절하고 있을 수도 있습니다. 이것은 현재의 교회에서도 일어날 수 있습니다. 자기가 믿고 자랑하는 복음이 또는 십자가의 도가 실제로 바울이 말하고 있는 것과 전혀 다른 것일 수도 있다는 사실입니다. 그러면서 자기의 신앙을 맹신하며 과신하는 사람들의 말을 들어보면 안타까울 뿐입니다.

바울이 말하는 "십자가의 도"는 개인적인 죄 사함의 축복에만 적용되는 것이 아닙니다. 좀 더 넓은 의미를 가지고 있습니다. 골로새서에서 보면, 예수님이 십자가에서 죽으신 것이, 단순히 우리의 죄 사함 만이 아니라 세상에 화평을 이루게 하시는 것이며 그 화평은 우주적인 화목을 의미하고 있으며 그것을 위하여 복음의 일꾼이 되었다고 고백하고 있습니다.

현재의 교회 안에서도 비슷한 사람들이 있습니다. 스스로 어느 정도의 경지에 이르렀다고 여기는 사람들, 그리고 마치 도를 터득한 사람처럼 더 이상 배우기를 거절하며 혼자만의 길을 고수하는 사람들이 있습니다. 누가 감히 내가 가진 십자가의 지혜보다 더 잘 아는 사람이 있을까 자신 만만해 하는 사람도 있습니다. 이런 사람들에 대해서 본문은 "너희 중에 누구든지 이 세상에서 지혜 있는 줄로 생각하거든"이라고 경고하고 있습니다.

자기 과신에 빠진 사람들은 자기 확신에 대해 의심하지 않습니다. 그리고 선포되는 말씀에 대해 질문하려는 의도를 가지지 못합니다. 아니면 둔감하거나 그냥저냥 넘어갑니다. 그러면서 어디서 배운 건지도 모르는 전통에 익숙해져서 교회를 다닙니다. 그들에게는 신앙의 역동성이 없습니다. 그들에게는 역동성에서 시작하는 신앙의 흔들림에 대한 오묘한 즐거움을 가지지 못합니다.

그러므로 그리스도에게 속한 지혜로운 신자가 되기를 원한다면 자신을 속여서는 안 됩니다. 스스로를 속이고 있는 가면도 벗어야 합니다. 그리스도에게 속한 신자는 그리스도의 공동체인 교회에서 예수님과 사도들이 주신 하나님의 뜻과 복음이 요청하는 대로 기도하거나 살아야 합니다. 그것이 부르심에 대한 적확한 태도입니다. 주님의 요청에 맞추지 못하고 내가 원하는 방식으로 자랑하고 요구하기 때문에 신앙에 전념하지 못하고 분명한 태도를 갖지 못하는 것입니다.

그리스도에게 속한 신자는 어리석은 자가 되어야 합니다

예수 그리스도의 거룩한 공동체를 무너뜨리려고 위협하는 것은 자신을 과신하는 세상의 지혜입니다. 세상에서는 자기를 적극적으로 나타내야 하고 알려야 합니다. 이것은 과신이 아니라 살아가기 위한 방편입니다. 그렇지만 공동체인 교회에서는 그리스도에게 속한 모습이어야 합니다. 이 말은 그리스도와 함께해야 한다는 뜻입니다.

그렇다면 그리스도는 어떻게 있었습니까? 그리스도는 십자가에 달리셨습니다. 고린도전서 1:23절에서는 이것에 대해 유대인에게는 거리낌이고 이방인에게는 어리석은 일이라고 하였습니다. 그리스도에 속한 신자라면 사람들이 어리석게 여기는 그리스도의 십자가와 나란히 서라는 것입니다. 그리스도의 십자가를 지고 십자가에 달려야 한다는 뜻입니다.

고린도전서 1:18절에서는 "십자가의 도가 멸망하는 자들에게는 미련한 것이요"라고 했습니다. 십자가의 사건 이전에는 사실 이것이 아무것도 아니었습니다. 그러나 십자가의 사건이 일어난 이후에 이 도를 받아들이고 따르는 자들에게는 미련한 것이 되었습니다.

"미련하다"로 번역된 헬라어가 고린도후서 11:1절에 "원컨대 너희는 나의 좀 어리석은 것을 용납하라."에 나오는데 여기서 "어리석은"(아프로수네스)은 원래 태생부터 센스가 부족한, 지각이 부족한 뜻을 가지고 있다면, 고린도전서 1:18, 3:18절에 나오는 "어리석은"(모로스)은 나중에 어떤 일과 판단에 따라 미련하게 되었다는 뜻입니다. 선천적으로 센스가 없거나 어리석게 행동하는 것이 아니라, 나중에 의지적으로 미련하게 한다는 것입니다. 눈치 없이 행동하는 그런 센스가 아니라 "십자가의 도"가 무엇인지 알고 "그 도"가 지혜임을 의도적으로 인정하고 따름으로써 미련하게 된다는 것입니다. 얼마나 멋있는 태도입니까? 사람들이 조롱하고 바보 같은 사람들이라서 "십자가의 도"를 쫓는다고 하여도 일부러 의도적으로 선취하는 모습이 지혜로운 자입니다.

어리석음을 미리 취하는 것이 지혜로운 신자입니다. 세월을 살면서 시행착오와 교정을 통해 얻은 경험적인 원리가 아닙니다. 신자가 처음 예수를 만났을 때, 어떤 방향으로 살 것인지를 정했을 때 일어나는 방향이며, 앞으로 어리석은 십자가의 도를 따르기로 한 결심의 원리입니다.

물론 처음부터 그럴 수 없는 신자들도 있습니다. 그렇지만 반드시 내가 바뀌어야 한다는 것을 의식한다면 성령의 인도하심으로 천천히 어리석은 신자로 변하게 됩니다. 지혜로운 신자인 것처럼 우월한 성경의 지식을 뽐내고 높은 경지의 비밀스러운 영적 지식을 말로 쏟아내지만 십자가의 어리석음을 거절하는 태도라면 그런 신자는 정말 어리석은 신자입니다.

하나님의 거룩하고 평화로운 공동체를 만들어가는 의지를 가진 신자들이라면, 우리는 십자가의 도가 나타내는 그리스도의 마음으로 공동체가 함께 힘써 노력해야 합니다. 자기를 낮추시고 죽기까지 복종하여 십자가에 죽으신 모양대로 본받아 살아야 합니다.

채희동 목사의 〈십자가와 걸레〉의 한 대목입니다.

"걸레를 바라보면서 자연스럽게 떠오르는 것이 있다. 십자가였다. 십자가 역시 누군가가 짊어져야 십자가이지, 짊어지지 않는 십자가는 나무토막에 불과하다. 그렇구나. 십자가야말로 이 세상의 걸레이구나. 예수께서 십자가를 짊어지셨기에 예수는 우리의 주님이 되셨고, 그 십자가가 우리를 살리는 것이 아닌가.

우리는 십자가를 너무 추상적으로, 혹은 교리적으로, 신학적으로만 생각한다. 십자가는 문자 속에, 신학 속에, 교리 속에 있지 않고 우리의 삶 속에 있어 우리가 언제든지 손에 쥐고 닦아야 하는 걸레인지도 모른다. 예수께서 자신의 생명을 다 바쳐 짊어지고 세상을 사랑으로 가득 채우신 십자가, 그것은 바로 오늘 내 손에 들려진 걸레이다. 걸레가 자기 몸을 희생하고 바치고 헌신하며 더러운 곳을 닦아내고 깨끗하게 아름답게 하는 것처럼, 십자가가 의미하는 것 또한 자기희생, 자기 헌신, 자기 내어놓음, 자기 비움, 자기 나눔이 아닌가.[72]

걸레가 자기 전체를 던져서 닦아내고 깨끗하고 환하게 만드는 것처럼 어리석은 십자가의 희생이- 자기는 더러워지고 상처 나고 여기저기 던져져서 차이고 아프지만- 공동체를 건강하게 하며 결국에는 자기 자신을 건강하고 든든한 신앙인으로 다시 태어나게 합니다. 이런 모습이 지혜로운 자입니다.

어리석은 자가 되라는 이유를 분명하게 알아야 합니다

고린도전서 3:19절의 말씀, "이 세상 지혜는 하나님께 어리석은 것

---

72 채희동 목사의 "십자가와 걸레" 중에서. 조현, 울림 : 우리가 물랐던 이 땅의 예수들(웅진씽크
빅, 2009. 03. 13.)의 "채희동(1964~2004) : 떠났으나 보낼 수 없는 사람" 참조..

이니 기록 된 바 하나님은 지혜 있는 자들로 하여금 자기 꾀에 빠지게 하시는 이라 하였고"를 보면 알 수 있습니다. 이 세상 지혜는 하나님께 어리석은 것이기 때문입니다. 세상의 지혜가 어리석은 이유는, 하나님께서 지혜 있는 자들로 하여금 자기 꾀에 빠지게 하셨고(19절 하반절), 주께서 지혜 있는 자들의 생각을 헛것으로 아시기 때문입니다(20절, 욥 5:13, 시 94:11).

고린도전서 1:20절의 말씀처럼, 하나님께서는 이 세상의 지혜를 미련케 하십니다. 하나님 앞에서 사람의 생각은 감출 수 없습니다. 본문 20절의 "지혜 있는 자들의 생각"은 자기들 스스로 보기에도 흐뭇할 정도로 깊은 생각이고 치밀한 계획이지만 하나님 앞에서는 바람에 나는 겨와 같은 헛된 것이라는 뜻입니다.

사람을 판단할 때 중요한 것 중의 한 가지가 있습니다. 판단력입니다. 판단력을 지혜와 연결을 시킨다면 분별력인데, 자기가 나설 때와 나서지 않을 때를 아는 판단과 분별입니다. 이것을 적절하게 사용할 줄 아는 사람이 능력자입니다.

아무리 뛰어난 분별력과 판단력을 가지고 있다고 하더라도 영광의 주님을 십자가에 못 박은 순간 인간은 미련한 자가 되었습니다. 그러니까 공동체에서 자기의 지혜와 영적 지식을 뽐내면서 스스로를 지혜 있는 자로 생각한다면 스스로를 속이는 자입니다. 갈라디아서 6:3절에서, "만일 누가 아무것도 되지 못하고 된 줄로 생각하면 스스로 속임이라."고 말씀합니다. 그리고 자기를 넘어지게 하는 패망의 지름길이기도 합니다.

예를 들면, 기사가 운전하는 차를 타고 다닐 정도로 성공한 기업가가 있는데 그 사람은 친구들을 만나러 갈 때 그렇지 못한 친구를 생각해서 지하철이나 버스를 타고 간답니다. 반대로 그보다 못한 어떤 친구는 일부러 기사를 대기시키고 친구들이 보는 데서 기사를 불러서 간다는 것입니다.

진실한 지혜를 가진 자는 남을 배려하고 자신을 낮추는 사람입니다. 사실 우리가 내세울 것이 뭐 그렇게 많이 있을까요? 서로 비슷비슷합니다. 존중해 주고 인정해 주고 격려해 주는 삶이 되기를 바랍니다.

나가는 말

그러므로 우리는 사람을 자랑하지 맙시다. 사람은 자랑의 근거가 될 수 없습니다. 사람을 의지하고 사람으로부터 조그마한 도움의 실마리를 얻으려고 하지 마십시오. 이것은 사람이 절대적인 존재가 될 수 없다는 뜻입니다. 우리는 서로를 의지하고 도움을 주려는 공동체 안에서 주님을 통하여 도움이 될 수 있습니다. 그래서 자랑하는 것이 아니라 섬기는 자가 되어야 합니다.

신자들이 서로를 위해 도움을 주고 섬길 수 있는 이유는 그리스도가 만유의 주이시고 그의 십자가의 도를 통하여 온 우주의 주님이 되셨기 때문입니다. 그래서 신자들은 죽음이나 세상의 지혜에 굴복하지 말고 그리스도 안에서 그리스도의 왕권에 참여해야 합니다.

비록 세상의 지혜가 가득한 세상에서 우리가 살지만, 그들의 강력한 요구에 의해서 생각하거나 살아서는 안 됩니다. 반대로 그리스도 안에서 미련한 것 같지만 그리스도인에게 주신 영적인 풍성함과 자유로움을 가지고 세상이 변하도록 최선을 다하며 살아야 합니다.

예수 그리스도의 **마음**으로

조기호 지음

초판 1쇄 발행 | 2023년 01월 30일

발 행 인 | 전병철
책임 편집 | 전병철
발 행 처 | 세우미
등   록 | 476-54-00568
등 록 일 | 2021년 07월 26일
주   소 | 광명시 영당안로 13번길 20. 삼정타운 다4동 404호
이 메 일 | mentor1227@nate.com

ISBN   979-11-975427-7-0   93230